AF451405

AVANT-PROPOS.

Les études générales du canal latéral à la Garonne se divisent naturellement en deux parties : la partie d'art, et la partie statistique ou de produits.

Pour l'art, nous avons trouvé aide et secours parmi les notabilités du corps des Ponts-et-Chaussées, qui ont dans les projets déployé toute la science de l'ingénieur.

La partie statistique était une tâche importante que nous avions à remplir, et à laquelle nous nous sommes livrés avec zèle et conscience,

On verra, dans le cours de ce Mémoire, que nos renseignemens ont été puisés aux meilleures sources possibles, et que nous n'avons rien négligé pour nous éclairer.

Nous avons fait tous nos efforts pour éviter les erreurs, et nous espérons qu'on nous pardonnera celles qui auraient pu nous échapper dans un travail aussi compliqué ; d'autant mieux qu'on pourra facilement se convaincre que ces erreurs, s'il en existait, ne peuvent avoir aucune importance. C'est donc avec confiance que nous soumettons aux lumières du public le résultat de nos recherches.

SOMMAIRE DES MATIÈRES.

Première Partie.

EXPOSÉ.

CHAPITRE PREMIER.

CONSIDÉRATIONS GÉNÉRALES.

CHAPITRE II.

NÉCESSITÉ DU CANAL DE LA GARONNE. — SON UTILITÉ. — SON BASSIN D'EXPLOITATION.

CHAPITRE III.

PARALLÈLE ENTRE LES DIVERSES VOIES NAVIGABLES ET DE COMMUNICATION.

Deuxième Partie.

PRODUITS DU CANAL.

CHAPITRE PREMIER.

PRODUITS EXTÉRIEURS OU MARITIMES.

CHAPITRE II.

PRODUITS INTÉRIEURS.

SECTION PREMIÈRE.

ARTICLE PREMIER.

Indications générales.

MÉMOIRE.

MÉMOIRE

SUR LE

CANAL LATÉRAL A LA GARONNE,

ÉTABLISSANT

LA JONCTION DÉFINITIVE DES DEUX MERS.

Première Partie.

EXPOSÉ.

CHAPITRE PREMIER.

CONSIDÉRATIONS GÉNÉRALES.

LA plus belle ligne de navigation qui puisse être ouverte, comme la plus utile et la plus indispensable, est sans contredit celle qui affranchira le commerce de l'Europe et des deux mondes du passage du détroit de Gibraltar, en coupant l'isthme qui sépare l'Océan de la Méditerranée.

L'honneur de cette magnifique entreprise appartient à Riquet, qui le premier en a vérifié la possibilité, et l'a exécutée dans sa partie la plus difficile.

Riquet a ouvert le canal du Languedoc qui débouche dans la Méditerranée, et vient à Toulouse rejoindre la Garonne, qui, à son tour se jette dans l'Océan.

L'édit d'octobre 1666, rendu par Louis XIV, donne la preuve de l'importance qui était attachée à l'ouverture du nouveau canal. « Comme les » desseins élevés, y est-il dit, sont les plus dignes des courages magnanimes, » et qu'étant considérés avec prudence, ils sont ordinairement exécutés » avec succès, aussi la représentation de l'entreprise, et les avantages in- » finis que l'on nous a représentés pouvoir revenir au commerce de la » jonction des deux mers, nous a persuadé que c'était un grand ouvrage » de paix, bien digne de notre application et de nos soins, capable de per- » pétuer aux siècles à venir la mémoire de son auteur, et d'y bien marquer » la grandeur, l'abondance et la félicité de notre règne. En effet nous avons » connu que la communication des deux mers donnerait aux nations de » toutes les parties du monde, ainsi qu'à nos propres sujets, la facilité de » faire en peu de jours d'une navigation assurée et par le trajet d'un canal, » au travers des terres de notre obéissance, et à peu de frais, ce que l'on » ne peut entreprendre aujourd'hui qu'en passant au détroit de Gibraltar » avec de très-grandes dépenses, en beaucoup de temps, et au hasard de » la piraterie et des naufrages ; ainsi, dans le dessein de rendre le com- » merce florissant dans notre royaume, par de si considérables avan- » tages, etc., etc. »

Cependant, malgré la construction du canal du Midi, les desseins de Riquet et les vœux de Louis XIV n'ont point été satisfaits.

Le canal arrivé à Toulouse n'a pas trouvé le débouché qui lui était nécessaire. Le régime de la Garonne ne lui a pas permis de recevoir les barques de ce canal, et le mauvais état de la navigation de cette rivière, qui n'a pu changer jusqu'à nos jours, son manque d'eau et ses écueils, ont rendu à peu près nulle la communication que le canal devait établir entre les deux mers.

Le canal du Midi est donc resté et restera un canal local, tant que son prolongement ne sera point opéré.

En effet, ce canal qui a vivifié une contrée à peine cultivée, et qui lui a donné l'abondance et les richesses, ne dessert que sa ligne, puisque les marchandises qu'il reçoit à destination directe d'une mer à l'autre ne forment qu'une portion infime de son produit.

Ainsi, aujourd'hui comme alors, les échanges entre l'Océan et la Méditerranée se font par le détroit de Gibraltar, malgré les lenteurs et les dangers de ce passage, parce que, aujourd'hui comme alors, c'est la seule voie réellement ouverte au commerce, puisque la navigation du canal du Midi est interrompue à Toulouse.

Cette interruption fut remarquée immédiatement après l'exécution du canal du Midi; et, sur les plaintes réitérées du commerce, Louis XIV envoya le célèbre Vauban sur les lieux pour aviser aux moyens de compléter le grand ouvrage de Riquet.

Vauban jugea qu'il était indispensable de continuer le canal jusqu'à Aiguillon, et même jusqu'à La Réole.

Mais la situation politique et la gêne des finances de cette époque (on était en 1686) ne permirent pas d'entreprendre des travaux que réclamait si impérieusement l'intérêt de la France et du monde entier.

Ce ne fut pas sous le règne de Louis XV que l'on put y penser, et moins encore sous le règne de Louis XVI.

La tourmente révolutionnaire ne permit pas non plus de songer à rendre au commerce cet important service, et l'empire eut trop à faire, ou trop peu de temps pour s'y arrêter.

Cependant, dès 1804, on avait fait revivre le projet d'un canal latéral à la Garonne jusqu'à Moissac; mais ce canal, qui n'eût paré qu'à une très-faible partie des inconvéniens, n'eut pas de suite.

A moins de se livrer encore à un travail incomplet, le prolongement du canal du Midi doit être fait jusque près de Langou, où commence l'influence des marées et un tirant d'eau naturel suffisant; c'est alors seulement que la jonction des deux mers sera définitive, et que le commerce sera affranchi de la traversée du détroit de Gibraltar.

Mais, pour arriver à un pareil résultat, il fallait d'abord constater la possibilité d'un canal latéral sur toute la ligne, ce qui nécessitait des recherches et des études immenses, auxquelles aucun gouvernement ne s'était livré, et dont les chances incertaines étaient bien faites pour effrayer l'homme le plus dévoué à l'industrie et aux intérêts de son pays.

Cette tâche importante, nous avons osé la tenter, et nous pouvons nous en féliciter aujourd'hui que nos efforts ont été couronnés du plus heureux succès.

Mais ce succès, nous le devons aux conseils qui nous ont été donnés, à la haute capacité, au patriotisme d'un membre élevé du corps des ponts-et-chaussées, et au zèle, aux talens de l'ingénieur en chef chargé de la direction des études du projet.

Les études du canal latéral à la Garonne ont été soumises à l'examen du conseil général des ponts-et-chaussées, et l'avis de ce conseil, qui renferme tant de lumières, ne pouvait être douteux sur un projet étudié avec tant de soins, et qui intéresse si éminemment la France : son adoption fut proclamée à l'unanimité.

Nous disons que le canal de la Garonne intéresse éminemment la France, et nous le disons parce que c'est notre conviction profonde, et que nous avons agi conformément à cette conviction. Nous ajouterons que telle est l'opinion des personnes éclairées, qui ont eu à s'occuper du projet, ou auxquelles il a été communiqué. Mais nous n'entendons pas dire que ce canal soit le seul utile, le seul important; nous regardons au contraire les canaux, quels qu'ils soient, comme un très-grand bienfait pour les localités en particulier et pour tout le pays en général, car, selon nous, les canaux sont les meilleurs moyens de communication, et ce n'est que par les communications qu'arrive la prospérité du peuple et de l'État, vérité que démontre pleinement la comparaison du commerce de la France et du commerce de l'Angleterre, dont nous croyons qu'il n'est pas inutile de présenter ici l'ensemble.

TABLEAU DU COMMERCE FRANÇAIS.

ANNÉES.	MOUVEMENT GÉNÉRAL DE COMMERCE avec le dehors.		COMMERCE SPÉCIAL De ce que la France a consommé et de ce qui a été extrait de l'intérieur.	
	ENTRÉE. Pour la consommation, l'entrepôt et le transit.	SORTIE. Quelle que soit l'origine.	ENTRÉE. Marchandises mises en consommation.	SORTIE. Marchandises françaises exportées.
	fr.	fr.	fr.	fr.
1825	533,622,392	667,294,114	400,579,330	543,881,169
1826	564,728,610	560,308,769	436,116,472	461,027,171
1827	565,804,228	602,401,276	414,157,001	506,823,737
1828	607,677,324	609,922,632	453,760,337	511,215,922
1829	616,335,597	607,818,646	485,355,139	504,247,629
1830	638,358,433	572,664,064	489,242,685	452,904,541
	3,526,524,584	3,620,612,501	2,677,189,164	2,980,096,969

TOTAUX, Entrée et Sortie.. 7,147,156,882 — 5,657,286,133

MOYENNE, Entrée et Sortie. 1,191,189,480 — 942,881,022

En 1789, le total des importations s'est élevé à. . . 574,365,000 fr.

et des exportations à. 438,477,000

Ensemble. . . . . . 1,012,842,000 fr.

Les colonies étaient comprises dans l'importation pour 240,000,000 fr.

et dans l'exportation pour. 90,000,000

L'on voit que notre commerce n'a pas acquis l'accroissement que l'on pouvait espérer, et que si d'un côté notre industrie manufacturière a fait des progrès, nous avons d'un autre côté perdu des colonies, notamment Saint-Domingue, qui entraient pour une somme considérable dans nos produits d'importation et d'exportation.

Saint-Domingue seul fournissait de 60 à 65,000 tonneaux de sucre et 25,000 tonneaux de café, dont la valeur était ensemble de 66,000,000 fr.

Nous exportions alors de ces denrées pour 60 à 70,000,000 fr.

Le commerce anglais a pris au contraire une très-grande extension, si nous en jugeons d'après les pièces recueillies par le parlement.

Nous allons donner ici le tableau de ce commerce à quatre époques différentes, en faisant observer que l'Irlande, et les îles de Man, Jersey et Guernesey, ont été exceptées.

ANNÉES.	IMPORTATIONS.	EXPORTATIONS.	TOTAUX.	TOTAUX EN FRANCS.
	liv. sterl.	liv. sterl.	liv. sterl.	
1789	15,205,215	16,986,579	52,194,792	804,775,000
1809	28,779,086	45,566,663	74,145,749	1,855,625,000
1824	55,544,957	57,845,591	93,388,528	2,354,708,000
1830	. . . . . .	. . . . . .	. . . . . .	2,400,000,000

Les produits exportés des manufactures françaises en fil, ouvrages en poils, tissus de lin, de chanvre, de laine, de soie, de bourre de soie, de fleuret et de cotons se sont élevés

$$\begin{aligned}
&\text{En 1825, à.} \dots \dots \dots &&258,884,000 \text{ fr.}\\
&1826, \text{à.} \dots \dots \dots &&201,577,000\\
&1827, \text{à.} \dots \dots \dots &&257,585,000\\
&1828, \text{à.} \dots \dots \dots &&234,496,000\\
&1829, \text{à.} \dots \dots \dots &&252,858,000\\
&1850, \text{à.} \dots \dots \dots &&251,913,000
\end{aligned}$$

L'Angleterre, non compris l'Irlande, exporte seulement en tissus de laine, soie et coton et en coton filé, pour près de 700,000,000 fr.

Cette exportation totale de l'Angleterre se divise ainsi :

	Liv. sterl.		Liv. sterl.
Russie	1,527,644	Turquie, Levant	584,755
Suède	26,255	Malte, Ionie, etc.	1,440,755
Norwége	58,999	Asie	1,895,051
Danemarck	74,665	Afrique	171,208
Prusse	155,211	Indes occidentales anglaises.	2,768,029
États d'Allemagne	4,295,787	Colonies anglaises du Nord.	809,427
Belgique	1,567,809	Indes occident. étrangères.	912,590
France	22,604	États-Unis	5,586,559
Portugal	1,402,590	Brésil	1,822,852
Espagne	464,172	Colonies espagnoles.	989,506
Italie	1,757,686		

Enfin le tonnage du commerce maritime anglais , toujours non compris l'Irlande, Man, Jersey et Guernesey, est

$$\begin{aligned}
&\text{Pour l'Europe, de.} \dots \dots \dots &&5,076,000 \text{ tonneaux.}\\
&\text{Pour l'Amérique, de.} \dots \dots \dots &&1,732,000\\
&\text{Pour l'Asie, de.} \dots \dots \dots &&180,000\\
&\text{Pour l'Afrique, de.} \dots \dots \dots &&65,000\\
\\
&\text{Ensemble.} \dots \dots &&5,053,000 \text{ tonneaux.}
\end{aligned}$$

Le tonnage du commerce maritime français avec l'étranger n'est moyennement que de 1,624,910 tonneaux, et si le commerce de terre se faisait par navires, le total du tonnage ne serait que de 3,046,700 tonneaux, d'après les bases établies au commencement du chapitre 4 ci-après.

Le commerce de l'Angleterre est donc bien supérieur au commerce français.

Il est vrai que les produits naturels du sol de France sont plus nombreux et surtout plus variés que les produits naturels du sol d'Angleterre, et que nous trouvons chez nous une grande quantité d'objets que l'Angleterre est obligée d'aller chercher à l'étranger; mais aussi nous exportons beaucoup de denrées que n'a pas l'Angleterre.

Toujours est-il qu'il y a une différence énorme entre le commerce des deux nations : cela tient sans doute à beaucoup de causes qu'il serait trop long de rapporter ici; mais si l'on peut mettre au nombre la protection accordée à l'industrie, l'esprit d'association, l'affluence des capitaux vers les entreprises de tout genre, on doit surtout regarder comme la plus puissante de toutes ces causes la multiplicité et la facilité des communications.

L'Angleterre est sillonnée de canaux; partout où il existe une mine, une fabrique, une manufacture, un lieu de production ou de consommation, il se trouve une voie navigable, naturelle ou artificielle. Ainsi les matières premières arrivent sûrement, promptement et à bon marché : les produits fabriqués s'écoulent de même. Une telle facilité donne non-seulement de l'essor à toutes les industries, mais encore elle permet au manufacturier de produire à meilleur compte et de livrer la marchandise à plus bas prix, ce qui lui assure un débouché certain sur tous les marchés du globe.

L'Angleterre possède en nombre et en étendue beaucoup plus de communications artificielles que la France, quoique le territoire de celle-ci soit incomparablement plus vaste que celui de l'Angleterre.

Les États-Unis même, qui ne font que de naître, ont depuis quelques années creusé mille lieues de canaux.

L'état florissant de la fabrication et du commerce anglais est en grande partie dû à ses nombreuses communications, et les mêmes causes produiront les mêmes résultats aux États-Unis, comme elles les ont produits aux Pays-Bas et en Belgique. Quant à la France, nous avons la conviction que, si elle était dotée des canaux qui lui manquent, elle atteindrait au degré de prospérité que lui assignent sa position, son sol et l'intelligence de ses habitans.

Mais en France, où les lumières sont si répandues, il est peu de personnes, cependant, qui aient une idée exacte de l'importance des

canaux sur la fortune publique; il semble que l'argent que le gouvernement leur consacre est de l'argent perdu ou mal employé. On voudrait
que le gouvernement, comme un simple particulier, trouvât dans la spé-
culation le revenu que celui-ci doit y trouver; on ne fait pas attention
que là où le canal est ouvert, arrivent l'industrie et la richesse; que le
sol acquiert une haute valeur; que le travail étant offert à chacun, le bien-
être s'accroît, et par lui la population; par celle-ci la production et la
consommation; les transactions de toute nature se multiplient, et l'État
retire, en impôts et en droits divers, bien au-delà de l'intérêt des sommes
employées.

Sans doute il est préférable que les canaux soient laissés à l'industrie
particulière, mais l'industrie particulière n'a d'espoir que dans le produit
de la chose, et un très-grand nombre de canaux utiles, indispensables
même, ne lui offrent pas assez d'avantages. Quant à ceux-là, le gouvernement doit les entreprendre, car ce n'est pas dans le revenu seul que le
gouvernement doit voir son intérêt, mais dans les facilités qu'il procure
au commerce et à toutes les branches d'industrie.

On sait d'ailleurs que les terrains et bâtimens qui bordent ou avoisinent
un canal, à une distance de 2,000 toises au moins, sur chaque rive, ac-
quièrent une plus-value considérable. Si donc il s'agit d'un canal de
cinquante lieues, ou 100,000 toises de développement, le carré sera de
400,000 arpens de 1,000 toises. En retranchant le quart de ce nombre
pour l'espace non cultivé, il restera 300,000 arpens, qui, à 200 fr. de
plus-value, donneront 60,000,000 fr. A cette somme il convient d'ajouter
la dépense de construction du canal, soit 40,000,000 fr. qui nécessairement restent sur la ligne. Voilà bien 100,000,000 fr. dont la contrée
s'est enrichie, sans compter ce que produiront les mouvemens du canal,
et les industries qu'il appellera.

Que ce calcul soit plus ou moins juste, il en résultera toujours cette
vérité que le gouvernement ne doit jamais craindre d'ouvrir des canaux
à ses frais, puisqu'il fera par-là le bien des populations et accroîtra la
richesse nationale.

Si Louis XIV se fût enquis des revenus que donnerait le canal du Midi
à l'État et à la province du Languedoc, l'illustre Riquet n'eût laissé
d'autres traces de son génie que des plans stériles; mais heureusement sa
pensée fut comprise, et la France se trouva dotée d'un monument qui a
fait son orgueil et la fortune d'une de ses plus belles provinces. Sans
doute Louis XIV a fait ou fait faire de grandes choses, mais les unes sont

déjà effacées par le temps, d'autres ne présentent qu'un luxe inutile; le canal du Midi est impérissable, et si une statue devait être élevée à Louis XIV, c'est au bassin de Naurouse qu'il fallait la placer.

Espérons cependant que la France ne restera pas en arrière, espérons que le gouvernement encouragera, aidera les entreprises, et qu'il se décidera dans des temps heureux à faire ce que ne pourraient faire les citoyens.

Quant au canal de la Garonne, son influence sera marquée : comme débouché, sur la prospérité du pays; comme position spéciale, sur le commerce de toutes les nations; il sera d'un secours immense pour la France en cas de guerre maritime, ou dans le midi de l'Europe. A ces divers titres nous pouvons dire que ce canal est une entreprise éminemment nationale.

CHAPITRE II.

NÉCESSITÉ DU CANAL,

SON UTILITÉ ET SON BASSIN D'EXPLOITATION.

§ I⁰ʳ.

NÉCESSITÉ DU CANAL.

Depuis cent vingt-cinq ans que le canal du Midi existe, la Garonne n'a jamais pu lui servir de débouché; elle ne le pourra jamais, quelle que soit la perfection de l'art, et quels que soient les travaux que l'on fasse.

Cette rivière, depuis Toulouse jusqu'à Bordeaux, peut se diviser en quatre parties.

1° Depuis Toulouse jusqu'au confluent du Tarn, sur une distance de 82,000 mètres, la Garonne est torrentielle, et extrêmement rapide, puisque sa pente est de 72 centimètres par 1,000 mètres. Ses rives basses, en gravier et en terres légères, n'ont point de consistance, les crues les déchirent et déplacent le thalwegs (la ligne la plus basse ou navigable) en occasionant fréquemment des changemens de lit. Dans cette partie la Garonne n'offre sur beaucoup de points que 60 centimètres de profondeur à l'étiage, et sur quelques-uns que 35 et même 25 centimètres.

Toutes les recherches qui ont été faites sur cette ligne ont prouvé qu'aucun moyen d'amélioration réelle et durable n'était possible.

2° Depuis le confluent du Tarn jusqu'à la Magistère, limite de Lot-et-Garonne, on ne peut espérer d'obtenir plus de 70 centimètres de mouillage dans les basses eaux, en restant d'ailleurs dans l'incertitude sur les moyens d'obtenir un lit régulier et une profondeur constante à la jonction des deux rivières, c'est-à-dire à la tête variable du confluent et immédiatement au-dessous.

3° Sur toute la ligne de Lot-et-Garonne, il est incertain que l'on puisse se procurer un mouillage de un mètre à l'étiage.

4° Dans le département de la Gironde la rivière n'a plus que 22 centimètres de pente par 1,000 mètres depuis la limite de Lot-et-Garonne jusqu'à Langon ou Castets, et cette pente est moitié plus faible de Langon ou Castets à Bordeaux. Avec quelques travaux on trouvera sur cette dernière partie, soumise d'ailleurs à l'influence des marées, une profondeur d'eau de deux mètres à la marée la plus basse, profondeur qui est égale à celle du canal du Midi.

Il résulte de ces faits irrécusables que, si on voulait se servir du lit de la rivière, un canal latéral serait indispensable jusqu'à la Magistère ou à Agen; qu'à l'un ou l'autre de ces points les barques du canal du Midi seraient, comme à Toulouse, astreintes à un transbordement. Ainsi, en descendant de Toulouse à Bordeaux, les barques s'arrêteraient ou à la Magistère ou à Agen, et en remontant, les bateaux du même tonnage s'arrêteraient à Castets; il resterait une lacune qui présenterait au commerce les mêmes difficultés qu'il rencontre aujourd'hui. Ajoutons que l'exécution de ces travaux en rivière, sans résultat utile pour la communication des deux mers, emploierait des sommes considérables, et qu'ils seraient incessamment détruits, ou fortement endommagés par les crues du fleuve.

Nous ne parlerons pas de l'emploi de la vapeur appliquée à des bateaux portant charge, ou remorqueurs sur une rivière comme la Garonne; l'expérience de dix compagnies qui se sont établies sur différentes rivières et notamment sur la Seine, qui a presque toujours de bonnes eaux, nous dit assez quel serait le résultat; et d'ailleurs le canal du Midi ne resterait pas moins toujours interrompu à Toulouse.

Un chemin de fer laisserait également les choses dans l'état dans lequel elles se trouvent aujourd'hui, puisque la communication serait de même interrompue à Toulouse, où il faudrait rompre charge.

Ce serait d'ailleurs une pensée folle que vouloir, pour éviter le transbordement à Toulouse, continuer le chemin de fer jusqu'à Cette, parce que, indépendamment de mille inconvéniens, il aurait pour concurrent le canal du Midi, qui étant tout construit se contenterait du moins à défaut du plus, et baisserait ses tarifs de manière à ne pas laisser au chemin le passage d'un seul tonneau de marchandises.

Non-seulement un chemin de fer ne pourrait compléter la jonction des deux mers, mais encore en le supposant possible il exigerait des frais de transport doubles de ceux du canal et qui lui permettraient à peine de soutenir la concurrence de la rivière, ainsi qu'on le verra au chapitre des parallèles.

Quant à un canal par les Pyrénées, il est impossible qu'il puisse servir à l'échange des produits d'une mer à l'autre en concurrence avec le canal de la Garonne, parce qu'un canal par les Pyrénées, en raison de son développement et de la hauteur à franchir, entraînerait le commerce dans des pertes d'argent et de temps très-considérables, ainsi que nous le démontrerons également au chapitre des parallèles.

La communication des deux mers la plus courte, la plus directe, la moins chère, et conséquemment la plus avantageuse et la plus nécessaire, ne peut donc s'établir que par un canal latéral à la Garonne en prolongement du canal du Midi, ayant les mêmes dimensions et descendant jusqu'à Castets où commence l'influence des marées, ce qui lui donne un développement de 190,000 mètres et une pente de 125 mètres rachetée par 49 écluses, non compris celle d'entrée en rivière.

§ II.

UTILITÉ DU CANAL.

L'utilité du canal de la Garonne doit être envisagée sous le rapport de la communication intérieure, et sous le rapport de la communication extérieure ou des deux mers.

1° *Sous le rapport de la communication intérieure.*

Par sa liaison avec le canal du Midi, le canal de la Garonne se rattachera au Bas-Languedoc, au canal de Beaucaire, au canal de Bouc, au Rhône.

Par son embranchement sur Montauban et sur Moissac, il sera en communication avec les bassins du Tarn et de l'Aveyron; par son contact avec la Bayse, il sera dès aujourd'hui en rapport avec le Gers et les Landes, et par la suite avec Bayonne, par le canal des Petites-Landes et l'Adour; enfin par sa proximité du Lot, il offrira un débouché à la contrée arrosée par cette rivière.

Le canal de la Garonne desservira donc les départemens de la Gironde, des Landes, du Gers, du Lot, de Lot-et-Garonne, de l'Aveyron, du Tarn, de Tarn-et-Garonne, de la Haute-Garonne, de l'Arriège, de l'Aude, des Pyrénées-Orientales, de l'Hérault, du Gard, de Vaucluse, des Bouches-du-Rhône; nous ajouterons les départemens du Rhône, de la Drôme et de l'Ardèche, pour les denrées coloniales et les vins.

Le canal évitera au commerce les lenteurs et les difficultés de la navigation en rivière, et assurera le départ et l'arrivée des marchandises à jour fixe, ce qui est très-important pour le négociant, le producteur et le consommateur.

2° Sous le rapport de la communication extérieure ou des deux mers.

Nous avons déjà dit que le canal du Midi, qui avait été fait pour éviter *aux nations* la traversée du détroit de Gibraltar, n'a point atteint son but, à cause de son interruption à Toulouse, et que, malgré son importance, il était resté un canal de localité.

Ces faits sont incontestables, puisque, d'une part, ce qui passe par ce canal à destination d'une mer à l'autre ne s'élève pas à plus de 6 à 7,000 tonneaux, et que, d'une autre part, le commerce prend toujours la voie de mer, même pour le cabotage entre les ports français de l'Océan et les ports français de la Méditerranée.

Il est de fait que le canal du Midi, dans la situation actuelle de son débouché, ne peut appeler sur sa ligne les marchandises à destination d'une mer à l'autre, puisqu'il faut rompre charge à Toulouse, et emmagasiner pendant un temps indéterminé.

Lorsqu'au contraire la même voie navigable sera ouverte sur toute la ligne, jusqu'à Bordeaux, le commerce n'aura plus, à Toulouse, ni transbordement, ni emmagasinage, ni les retards, les frais et les avaries qu'ils occasionent : la circulation sera libre et assurée en tout temps, et comme nous ferons bientôt voir que cette voie sera la plus prompte, la plus sûre et la plus économique, elle affranchira définitivement le commerce français et étranger des dangers et des lenteurs du détroit de Gibraltar; elle ren-

dra les transactions commerciales plus faciles, plus actives et plus nombreuses, et nos villes de l'intérieur, Toulouse, Montauban et Agen, nos
villes maritimes, Marseille, Cette et Bordeaux, seront les entrepôts des
produits de toutes les parties du monde.

Des péages conquis sur la mer, des droits, des bénéfices de toute nature,
et du travail pour toute la population, viendront accroître le bien-être et
les fortunes privées et conséquemment la fortune publique, puisque la
fortune publique se compose des fortunes particulières.

Indépendamment de ces avantages généraux, la ligne parcourue par le
canal en trouvera d'autres dans l'établissement aux chutes d'écluses, d'u-
sines, fabriques, manufactures, qui manquent presque généralement malgré l'abondance des matières premières.

§ III.

BASSIN D'EXPLOITATION DU CANAL.

La ligne du canal de la Garonne parcourt une des contrées les plus riches,
les plus fertiles et les plus productives de France.

Ce canal fait en outre suite à une grande ligne de navigation déjà établie
(le canal du Midi) et en pleine prospérité.

Il servira, ainsi qu'on l'a vu au § 2 ci-dessus, à l'exploitation des produits
de dix-neuf départemens.

De plus il opérera définitivement la jonction de l'Océan et de la Méditerranée, ce qui lui assure une activité et lui donne une importance que ne
pourrait acquérir aucun autre canal dans aucune autre partie du globe.

Enfin le canal de la Garonne a encore cet avantage immense que la guerre,
qui paralyse une foule d'industries, lui serait très-profitable, puisque la
guerre maritime ou continentale, et notamment dans le midi de l'Europe,
augmenterait forcément ses passages.

CHAPITRE III.

PARALLÈLE

ENTRE LES DIVERSES VOIES NAVIGABLES ET DE COMMUNICATION.

§ Ier.

PARALLÈLE ENTRE LE CANAL ET LA GARONNE.

Durée du trajet.

On a vu, par ce que nous avons dit au § 1er du chapitre précédent, quel est l'état de la Garonne. Cette rivière est d'une traversée lente, difficile et dangereuse ; elle est fréquente en naufrages causés, soit par la hauteur de ses eaux, soit par les écueils qui se trouvent dans son lit ordinaire, ou dans le nouveau lit que lui creusent les crues.

La plupart de l'année cette rivière manque d'eau, parfois elle en a trop, et dans aucun cas elle ne peut offrir une bonne et constante navigation. Nous verrons au chapitre des produits intérieurs que les bateaux qui la fréquentent ont un très-faible tonnage, puisque la plus grande partie ne portent que de huit à quatorze tonneaux.

Le trajet à la descente, de Toulouse à Bordeaux, lorsque les eaux sont bonnes, ce qui est rare, peut se faire en trois ou quatre jours ; mais la moyenne est de six à dix jours, quelquefois du double.

A la remonte, le trajet le plus prompt emploie au-delà de douze jours ; il est moyennement de quinze à vingt jours, mais très-souvent il va à vingt-cinq et trente jours et au-delà.

Très-souvent aussi il y a interruption totale.

Par le canal, au contraire, la navigation sera constante et uniforme ; en tout temps, en toute saison, le trajet soit à la descente de Toulouse à Bordeaux, ou à la remonte de Bordeaux à Toulouse, se fera en quatre jours et demi ou cinq jours au plus, et en trois jours, si l'on voyage une partie de la nuit, comme cela se pratique en Angleterre, où le ciel n'a pas la pureté du ciel du midi de la France.

La distance à parcourir est d'ailleurs plus courte par le canal que par la rivière, parce que le canal évite les sinuosités.

La distance par la rivière, de Toulouse à Bordeaux, est de   286,670 mèt.

Par le canal, elle n'est que de.   244,670

Le canal économise donc dix lieues et demie, ou. . . .   42,000 mèt.

Dépense du transport.

Le tarif du canal de la Garonne étant le même que le tarif du canal du Midi, dont il n'est que le prolongement, le maximum du droit sera de 40 centimes par distance.

Le développement du canal de la Garonne étant de 190 kilomètres, nous avons 38 distances, qui, à 40 centimes l'une, donnent.   15 fr. 20 c.

À quoi ajoutant le fret jusqu'à Bordeaux.   5   »

Total par tonneau, à la remonte comme à la descente.   18 fr. 20 c.

On a été trop long-temps trompé sur le prix des transports par la Garonne ; cependant les personnes qui sont obligées à se servir de cette voie n'ignorent pas ce qu'elle coûte.

De même qu'il est des époques où l'on ne peut calculer la durée du trajet par la rivière, il est des époques où l'on ne peut calculer les frais et la dépense ; nous ne pouvons donc prendre ici que la moyenne des temps ordinaires. Cette moyenne est à la descente de 12 fr. et à la remonte de 20 fr.

On dit donc que la rivière ne coûte que 12 fr. pour descendre et 20 fr. pour remonter, mais voici ce qu'on ne dit pas.

Toutes les marchandises sans exception qui arrivent à Toulouse sont déchargées et rechargées sur les bateaux de la rivière ; ces marchandises quittent ainsi une seule barque pontée, où elles sont en sûreté, pour être disséminées sur dix, quinze ou vingt bateaux de la rivière entièrement découverts, où elles sont exposées aux injures du temps et à toutes sortes de dilapidations.

Le fait des dilapidations est tellement connu, et se commet si audacieusement, qu'il est presque devenu un droit.

Nous pouvons ajouter, sans crainte d'être démentis, que les naufrages qui arrivent si fréquemment sur la rivière ne sont pas toujours inévitables ; qu'il en est quelques-uns que l'on n'aurait pas vus, si la baraterie n'y eût point pris part.

Mais ce n'est pas sur la rivière seulement que la marchandise se détériore, et que le prix de son transport augmente.

Le transbordement s'opère à Toulouse, et la marchandise attend, ce qui constitue en perte d'intérêts.

Cette marchandise est emmagasinée et paye un droit de commission.

Mais les magasins sont les quais sans abri.

Les avaries, les déchets, les coulages sont considérables, et d'autant plus considérables que les transports se composent en majeure partie de vins, esprits, huiles, savons, etc.

Voilà donc ce que l'on doit ajouter au prix ostensible du fret, et ce qui n'aura pas lieu par le canal.

Ainsi la dépense faite sur la rivière, ou occasionée par elle, se compose à la descente.

1° Fret moyen.	12 fr. » c.
2° Déchets, coulages et avaries au déchargement, au séjour sur les quais et au rechargement.	6 »
3° Déchets, coulages et avaries sur la rivière, et soustractions.	6 »
4° Perte d'intérêts.	1 50
5° Frais de commission à Toulouse.	2 »
6° Frais de transbordement à Toulouse.	Mémoire.
7° Nouvelle lettre de voiture.	Mémoire.

Total par tonneau, à la descente (1). . . . 27 fr. 50 c.

Le fret moyen à la remonte étant de 20 fr., et les déchets et avaries sur la rivière et au transbordement, ainsi que les frais de commission à Toulouse, étant absolument les mêmes qu'à la descente, il convient d'ajouter. . . . . 8 »

Total par tonneau à la remonte (1). . . . 35 fr. 50 c.

---

(1) Nous ferons observer que, d'après les renseignemens fournis à l'administration par les receveurs des droits de navigation et pris sur un grand nombre d'années, le fret seul par la rivière s'élève souvent à près du double de la moyenne que nous avons adoptée.

Mais l'on peut, si l'on veut, faire des réductions sans que les frais par la rivière cessent d'être supérieurs à ceux par le canal.

Par le canal, le commerce ne paiera qu'en raison du parcours; par la rivière, au contraire, il paie aussi cher pour une très-faible distance que pour franchir toute la ligne.

Ce fait, que nous avons vu consigné dans les documens officiels des receveurs des droits de navigation, et qui nous a été confirmé par des renseignemens pris sur les lieux, nous avait surpris d'abord, mais nous avons parfaitement compris qu'il était fondé sur d'assez bonnes raisons. Par exemple : un bateau chargé à Bordeaux prendra des marchandises pour Marmande, la Bayse ou Agen et pour Toulouse, il est constant que ce bateau doit aller à Toulouse, et que si les marchandises qu'il laisse sur la ligne ne payaient qu'en raison de leur parcours, il se trouverait constitué en perte, puisqu'il ferait la plus grande partie du trajet avec le tiers ou le quart de son chargement. Ainsi l'on exige que les marchandises qui font 10 et 20 lieues paient comme si elles en faisaient 60.

Donc pour tous les produits de la vallée de la Garonne, et pour tout ce qu'elle reçoit, il y aura une économie de moitié ou des trois quarts par la voie du canal.

A l'économie que le commerce trouvera par le canal, il faut joindre la facilité de sa navigation, sa sûreté, sa promptitude, sa perpétuité et la fixité qu'elle donnera aux départs et aux arrivages.

§ II.

PARALLÈLE ENTRE LE CANAL ET LA VOIE DE MER.

Dépense du transport.

On sait que le prix du fret est en rapport avec la quantité de marchandises au port d'embarquement, et que ce fret est plus ou moins élevé, selon qu'il y a plus ou moins d'incertitude dans le chargement. Si donc les échanges entre les deux mers se font à Bordeaux, les navires qui apporteront des marchandises seront assurés de trouver immédiatement un fret de retour, et nul doute que le prix de ce fret ne diminue considérablement entre cette ville et les ports français de l'Océan, et les ports étrangers de l'Europe septentrionale.

Le fret est non-seulement en rapport avec la quantité de marchandises, mais encore il est en rapport avec le genre de navires. Ainsi pour naviguer dans la même mer, par exemple, de port à port français dans l'Océan, des navires d'une très-petite capacité suffisent, tandis que, pour aller de l'Océan dans la Méditerranée, il faut des navires au long cours, qui doivent être d'un plus grand tonnage et d'une plus grande solidité, ce qui entraîne à beaucoup plus de dépenses. Ainsi le fret est, toute proportion gardée d'ailleurs, beaucoup plus élevé pour aller d'une mer à l'autre que pour aller d'un port à un autre dans la même mer.

Le prix du fret de Bordeaux aux ports de l'Océan et de la Manche, qui était moyennement de 25 à 30 fr., a déjà beaucoup diminué depuis près de deux ans, puisqu'il n'est plus aujourd'hui que de 18 à 20 fr. (1) et même au dessous. L'abondance des marchandises à transporter lorsque les canaux seront achevés le diminuera dans une proportion plus grande. Il en sera de même, et par la même raison entre Bordeaux et les ports du nord de l'Europe. Si le fret moyen est aujourd'hui de 40 fr., il ne s'élèvera pas alors à plus de 50 fr., si toutefois il atteint cette somme.

La dépense par les canaux, en supposant les tarifs maintenus au taux actuel, sera pour les ports de l'Océan et de la Manche :

1° Droits des canaux du Midi et de la Garonne, tout compris. . . . . 40 fr. » c.

2° Fret moyen des ports de l'Océan et de la Manche à Bordeaux. . . . . 18 »

3° Assurances (2). . . . . 6 »

4° Déchets (3). 6 »

5° Perte d'intérêts. . . . . 2 »

6° Commission à Bordeaux. . . . . 2 »

TOTAL. . . . . 74 fr. » c.

---

(1) Si l'on prend le Havre pour moyenne, on peut s'assurer que le fret n'y est pas à plus de 18 fr.

(2) Le prix des assurances est variable et s'élève parfois très-haut. Le chiffre que nous mettons ici est en rapport avec celui porté aux états suivans pour le trajet par Gibraltar.

(3) On porte ici les déchets à 6 fr. comme à Toulouse; mais il est évident qu'ils n'atteindront pas cette somme toutes les fois que le transbordement se fera directement de la barque dans le navire, et qu'ils seront nuls si, comme on en a l'espoir, des navires franchissent les canaux sans transborder.

(19)

Cette dépense, pour les ports du nord de l'Europe, sera :

1° Canaux. . . . . 40 fr. » c.
2° Fret moyen des ports du nord de l'Europe à Bordeaux. 30 »
3° Assurances. . . . . 6 »
4° Déchets et avaries (1). . . . . 6 »
5° Perte d'intérêts. 2 50
6° Commission. . . . . 2 »

Total. . . . . 86 fr. 50 c.

Prix du fret par la voie de mer.

Nous allons présenter le prix du fret d'une mer à l'autre d'après les relevés des feuilles journalières d'arrivage pendant le cours d'une année et donnés par les courtiers, conducteurs de navires, capitaines et maisons faisant la commission du nord de l'Europe.

PORTS FRANÇAIS, PORTS ÉTRANGERS DE LA MANCHE.

MARSEILLE ET CETTE (2).	PRIX MOYEN du FRET.	MOYENNE par PORT.
	Le tonneau.	Le tonneau.
Ports étrangers de la Manche.	63 à 80 fr.	71 fr. 50 c.
Dunkerque.	63 à 80	71 50
Le Havre.	55 à 70	62 50
Rouen.	67 à 85	76 »
Nantes.	50 à 60	55 »
Moyenne.		67 50
Assurances.		9 »
Déchets, coulages, avaries.		9 »
Pertes d'intérêts.		6 »
Total.		91 fr. 50 c.

(1) Voyez la note 3 à la page précédente.

(2) La différence entre Marseille et Cette est si faible que nous avons cru devoir réunir les deux ports dans un même tableau ; on va voir aussi dans les tableaux pour les ports de nord Europe que cette différence n'est que de quelques centimes.

PORTS DU NORD DE L'EUROPE.

CETTE.	PRIX MOYEN du FRET, Chapeau et gratification compris.	PRIX MOYEN du TONNEAU.
Hambourg, Brême, Lubeck.	76 marcs le last.	58 fr. 45 c.
Suède.	88 *idem.*	67 52
Norwège.	88 *idem.*	67 52
Danemarck.	88 *idem.*	67 85
Hollande, Belgique.	65 ½ florins.	69 46
Moyenne.		65 fr. 85 c.

MARSEILLE.	PRIX MOYEN du FRET.	PRIX MOYEN du TONNEAU.
Angleterre, Irlande.	Liverpool, Glascow, 40 à 45 schillings. Londres, 45 à 50 et 15 % chapeau, 5 schil. gratification, le tonneau.	65 fr. 70 c.
Suède, Norwège.	70 marcs de Hambourg; **12** ½ % chapeau, 4 marcs de gratificat. le last.	64 50
Danemarck, Holstein.	65 à 70 marcs, chap. *idem.*, gratification *idem*, le last.	64 30
Pays-Bas, Hanovre.	50 florins, 10 % chapeau, 5 flor. gratificat. le last.	62 25
Villes anséantiques.	65 marcs, 12 ½ % chap., 4 marcs de gratific. le last.	58 49
Prusse et ports de la Baltique jusqu'à Mémel.	70 marcs, *idem, idem.*	64 30
Russie.	75 marcs, *idem, idem.*	67 59
Moyenne pour Marseille.		64 50
Moyenne pour Cette.		65 85

La moyenne des deux, en nombre rond, est de.	65	»
Assurances.	12	»
Déchets, avaries et coulages.	12	»
Perte d'intérêts.	6	»
Total.	95 fr.	» c.

Il faut remarquer, et cette remarque est importante, qu'en raison de leur volume, les liéges paient 4 frets, les feuilles et les fleurs 3 frets, les liquides en double fût 1 ½, en pantalone 1 ¼, les verdets, garances, 1 ½, etc., qu'il faut ajouter à la dépense de la voie de mer.

Durée du trajet.

Ce n'est pas seulement l'économie sur les frais qui doit être appréciée, mais encore l'économie du temps, qui est bien plus précieuse, car le commerce gagne à payer plus cher pour recevoir les marchandises plus sûrement et plus promptement.

Le trajet actuel par Gibraltar ne présente aucune certitude dans les départs ou dans les arrivées ; un navire peut rester plusieurs mois dans le détroit sans pouvoir le franchir. On sait d'ailleurs que les courans entrent toujours dans la Méditerranée et qu'ils n'en sortent pas, qu'on ne peut entrer dans l'Océan que par les vents d'est, enfin que cette mer est excessivement difficile, courte et dure, comme disent les marins.

Par les canaux, l'arrivée de la Méditerranée à Bordeaux, et le départ de Bordeaux pour la Méditerranée, auront lieu à jours et heures fixes ; sur cette ligne il ne pourra y avoir aucun retard, tandis que pour franchir le détroit de Gibraltar le temps ne peut être calculé. De Bordeaux aux différens ports de l'Océan et du nord de l'Europe, le délai du trajet par mer pourra être calculé à quelques jours près ; on saura donc ce qu'on mettra de temps pour aller, par exemple, du Havre à Bordeaux et pour en revenir, tandis qu'on ne sait pas celui qu'on emploiera pour aller du Havre à Cette et pour en revenir.

Le parcours des canaux emploiera dix jours, et si l'on ajoute dix, quinze, vingt ou trente jours pour le trajet depuis Bordeaux jusqu'au port de destination, on aura en tout vingt, vingt-cinq, trente ou quarante jours ; et sauf seulement quelques jours de plus ou quelques jours de moins, il y aura certilude, et c'est sur cette certitude que le commerce pourra baser ses opérations.

Au moyen de la communication ouverte par les canaux, la traversée entre les ports de la Méditerranée et les ports français de l'Océan, et les ports français et étrangers de la Manche, se fera, selon les temps et les diverses situations, en vingt, vingt-cinq et trente jours, et en quarante jours pour les ports de nord Europe. Aujourd'hui cette traversée ne se fait moyennement qu'en quarante à soixante jours, rarement en moins, et très-souvent en plus.

Ainsi, Bordeaux étant le point de départ et d'arrivée, les délais aller et venir ne prendront pas moyennement vingt, vingt-cinq, trente à quarante jours pour les ports de l'Océan et de la Manche, et soixante jours pour les ports de nord Europe, tandis que par Gibraltar ces délais sont de quatre-vingts, quatre-vingt-dix et cent vingt jours.

On remarquera que lorsqu'il arrive que la traversée des ports de l'Océan aux ports de la Méditerranée, et réciproquement, se fait en vingt-cinq ou trente jours, ce qui est très-rare, le trajet des mêmes ports sur Bordeaux se fait en quelques jours seulement, en raison de sa proximité.

Nous donnons ici la durée moyenne du voyage par Gibraltar.

PORTS ÉTRANGERS.

POUR MARSEILLE.			POUR CETTE.	
	TEMPS MOYEN.	MAXIMUM.		TEMPS MOYEN.
	Jours.	Jours.		Jours.
Angleterre, Irlande. . .	50 à 45	55	Hambourg, Brême, Lubeck.	50 à 60
Suède, Norwège.. . . .	50 à 60	85	Suède.	55 à 60
Danemarck , Holstein. .	50 à 55	75	Norwège.	55 à 70
Pays-Bas, Hanovre. . .	50 à 40	60	Danemarck.	60 à 70
Villes anséatiques. . . .	40 à 45	70	Hollande, Belgique. . .	40 à 50
Prusse et ports de la Baltique, jusqu'à Memel.	50 à 60	90		
Russie.	55 à 65	100		

PORTS FRANÇAIS ET PORTS ÉTRANGERS DE LA MANCHE

POUR MARSEILLE ET CETTE.

Dunkerque.	40 à 50 jours.
Havre.	35 à 45
Rouen.	40 à 50
Nantes.	25 à 35
Ports étrangers de la Manche.	40 à 50

Il résulte des deux tableaux ci-dessus que la moyenne du temps employé est :

Pour les ports français.	40	» jours.
Pour les ports étrangers de la Manche.	44	1/4
Pour les ports du nord de l'Europe.	61	»

Les calculs que nous venons de présenter prouvent évidemment la supériorité de la navigation par les canaux; cependant il faut s'élever à des considérations plus générales, si l'on veut bien connaître toute l'importance réelle de la nouvelle communication qui sera ouverte par le canal de la Garonne.

En effet, nous avons dit que les plus précieux avantages du canal pour le commerce se trouvaient dans l'économie du temps.

Or, dans l'état actuel de la navigation entre les ports de la Méditerranée et les ports de l'ouest de la France et de l'Europe septentrionale, on ne compte que les délais exigés pour aller de l'un de ces ports à l'autre; on ne compte pas le temps qui a été employé pour venir de la rivière de Gênes, des côtes d'Italie, de Naples ou de Sicile, à Marseille ou à Cette; on ne compte pas non plus le temps qui est employé pour aller de l'intérieur de la France à ces ports, où les denrées sont déposées pour être ensuite chargées sur des navires qui les amènent dans l'Océan. On ne compte que le temps qu'il faut, par exemple, pour aller de Cette au Havre, à Dunkerque, à Londres, à Dantzig.

Ainsi, lorsque, par le prolongement du canal du Midi, Bordeaux sera devenu le point de départ et d'arrivée, parce que c'est sur Bordeaux que s'écouleront successivement les marchandises et que c'est à Bordeaux qu'elles seront échangées, ce ne sera donc plus de Cette ni de Marseille, mais de

*

Bordeaux, qu'il faudra partir pour les calculs sur le temps employé aux transports, et l'on ne devra plus s'occuper du temps nécessaire pour traverser les canaux; toute la question se trouve donc réduite à savoir si Bordeaux est plus près que Marseille ou Cette des ports de l'Océan et de la Manche et des ports de nord Europe; et comme effectivement Bordeaux est plus près de six, sept ou huit cents lieues, il est incontestable qu'on ira plus vite à Bordeaux et qu'on en reviendra plus vite que des ports de la Méditerranée.

Les échanges entre les deux mers, qui ne peuvent maintenant s'opérer qu'en quatre-vingts, quatre-vingt-dix et cent vingt jours, s'opéreront donc en vingt, trente, quarante et soixante jours, selon qu'il s'agira des ports de l'Océan et de la Manche ou des ports de nord Europe, et c'est sur cette base que nous devons établir notre parallèle.

§ III.

PARALLÈLE ENTRE LE CANAL DE LA GARONNE ET LE CANAL DES PYRÉNÉES.

Dépense des transports.

On a vu plus haut que la dépense des transports par le canal latéral à la Garonne était en totalité de 18 fr. 20 c. par tonneau.

En appliquant le même tarif et les mêmes frais au canal des Pyrénées, le prix des transports sera, pour un développement de 340,000 mètres, de 32 fr. 30 c., ce qui fait une différence en faveur du canal latéral de 14 fr. 50 c.

Le développement du canal latéral à la Garonne étant de 190,000 mètres et sa pente rachetée par 49 écluses de 2 mètres 50 cent. de chute, la durée du trajet, à raison de 4,000 mètres par heure, prendra.   47 heur. 30 min.

A quoi ajoutant 15 minutes pour l'attente et le passage à chaque écluse, ensemble. 12   15

TOTAL. . . . . 59 heur. 45 min.

Le développement du canal des Pyrénées est de 340,000 mètres et sa pente de 966 mètres.

Cette pente peut être rachetée par 274 écluses à 3 mètres 50 cent. de chute, quoique cela ne se soit pas encore vu; mais comme les écluses du canal latéral n'ont que 2 mètres 50 cent., nous devons, pour qu'il y ait égalité et justesse dans le calcul, diviser la pente du canal des Pyrénées en écluses de 2 mètres 50 cent. de chute. Pour racheter les 966 mètres de pente de ce canal, il faudrait 386 écluses.

Or le parcours du canal des Pyrénées, à raison de 4000 mètres par heure, emploiera pour 340,000 mètres. . . . . 85 heur. » min.

Les 386 écluses, à raison de 15 minutes l'une, emploient 96   50

Total (1). 184   50

Différence en faveur du canal de la Garonne. . . . 121 heur. 45 min.

124 heures 45 minutes, à 15 heures de travail par jour, donnent 8 jours.

Il faut considérer maintenant les points où aboutissent les canaux.

Le canal latéral arrive à Bordeaux.

Le canal des Pyrénées à Bayonne.

Et sans entrer ici dans une comparaison qu'il est trop facile à chacun de faire, nous nous bornerons à mettre en regard la moyenne des mouvemens de ces deux ports, pendant les six dernières années 1825 à 1830.

	GRANDE NAVIGATION.	PÊCHE ET CABOTAGE.	TOTAUX.
	Tonneaux.	Tonneaux.	Tonneaux.
Bordeaux.	225,618	251,974	477,592
Bayonne.	18,004	34,786	52,790

(1) Si nous ne comptions au canal des Pyrénées que ses 274 écluses, et que nous supposions qu'il ne fallût que quinze minutes pour les franchir malgré la différence de grandeur, il n'y aurait que vingt-huit heures à déduire, c'est-à-dire, d'après notre calcul, moins de deux jours.

§ IV.

PARALLÈLE ENTRE LE CANAL DE LA GARONNE ET UN CHEMIN DE FER.

Avant que d'établir ce parallèle, nous croyons devoir faire notre profession de foi sur les chemins de fer.

Et d'abord nous dirons ce que nous avons déjà dit dans le cours de ce mémoire, qu'il est dans l'intérêt de la France qu'il y ait le plus de communications possible ; mais nous pensons qu'à l'exception de très-peu de localités, les chemins de fer, qui *d'ailleurs ne peuvent transporter que certaines marchandises*, ne trouveraient pas un aliment suffisant à leur entretien et au service des intérêts des sommes employées à leur construction. En Angleterre il n'existe encore que des chemins de service pour des usines ou des mines, qui ne transportent qu'à de faibles distances. Le seul chemin de Liverpool à Manchester a un développement de 12 lieues, et son produit paraît devoir être considérable ; toutefois il faut que le temps en ait donné la preuve : mais, pour prendre ce chemin comme exemple, il faudrait avoir un autre Liverpool et un autre Manchester, leurs immenses relations commerciales, et le million et demi de tonneaux de marchandises qui circulent annuellement entre ces deux villes.

Notre opinion est qu'en France, tout en ayant égard à la nature des produits, à leur valeur et à leur active circulation, un chemin de fer ne pourrait soutenir la concurrence des voies navigables, à moins que d'une part son tarif ne fût bien au-dessous de celui qu'on accorde et que d'une autre part il offrît une grande économie dans la durée du trajet.

Nous allons maintenant établir notre parallèle.

Dépense des transports.

Par le canal, la dépense est, comme on l'a vu, de 18 fr. 20 cent.

Le tarif du chemin de fer serait, en raison de la nature des produits qui circulent sur la ligne de la Garonne, de 70 cent. par distance de 5 kilomètres.

Et comme le chemin ne pourrait, comme le canal, se servir du bas de la rivière, il devrait venir de Toulouse à Bordeaux. Son développement serait donc de 240 kilomètres, ce qui porterait les frais par tonneau à. 35 fr. 60 c.

A ces frais il convient d'ajouter ceux faits à Toulouse, pour le transbordement, la commission, les déchets , etc., que nous ne porterons qu'à 6 fr. 40 c. , c'est-à-dire, moins que nous ne l'avons fait pour la navigation en rivière, parce que nous ne supposons par un aussi long séjour, etc., etc. . 6   40

Total. 40   »

Différence en faveur du canal. . . . . 21 fr. 80 c.

Durée du trajet.

On a vu que la durée du trajet pour le canal de la Garonne se fera en quatre jours et demi, ou cinq jours au plus, et que ce délai peut être abrégé de moitié en voyageant la nuit. Nous ajouterons que dans des cas pressés on pourrait encore accélérer la marche en faisant plus de 4,000 mètres à l'heure, ce qui serait sans danger pour le canal. Or, quelle que soit la supériorité de vitesse du chemin de fer, il lui serait impossible d'obtenir sur le temps un avantage qui compensât, même en partie, ce qu'il perdrait sur les frais.

Mais encore sous le rapport de la célérité, le canal aurait l'avantage, parce que ses barques passeront sans s'arrêter, tandis que, pour faire prendre aux marchandises la voie de terre, il faudrait transborder et subir toutes les pertes de temps qu'entraîne ce transbordement et les formalités u'il exige.

Certes, si nous comptons un temps égal pour le trajet du canal et du chemin, nous ne pouvons nous tromper qu'à notre détriment.

RÉSUMÉ DES PARALLÈLES.

Un navire devant généralement aller et venir, il convient de compter la dépense et le temps sur les deux voyages ; ainsi le résumé suivant s'appliquera pour la dépense à deux tonneaux, l'un pour l'allée, l'autre pour le retour ; la durée du trajet s'appliquera également à l'allée et au retour.

	PAR GIBRALTAR.		PAR LES CANAUX.	
	FRAIS.	DURÉE MOYENNE du trajet.	FRAIS.	DURÉE MOYENNE du trajet.
	fr.　c.	jours.	fr.　c.	jours.
Ports de l'Océan.	182　»	80	148　»	20 à 30
Ports de la Manche.	182　»	90	148　»	40
Ports du nord de l'Europe. .	190　»	120	172　»	60

	PAR LE CANAL DES PYRÉNÉES.		PAR LE CANAL DE LA GARONNE.	
	FRAIS.	DURÉE MOYENNE du trajet.	FRAIS.	DURÉE MOYENNE du trajet.
	fr.　c.	jours.	fr.　c.	jours.
De Toulouse à Bayonne et de Toulouse à Bordeaux. . .	65　»	25	56　40	9

	PAR UN CHEMIN DE FER.		PAR LE CANAL DE LA GARONNE.	
	FRAIS.	DURÉE MOYENNE du trajet.	FRAIS.	DURÉE MOYENNE du trajet.
	fr.　c.		fr.　c.	
De Toulouse à Bordeaux. . .	80　»	égale.	56　40	égale.

	PAR LA GARONNE.		PAR LE CANAL DE LA GARONNE.	
(Ici, les voyages ne seront comptés que pour descendre ou remonter, et non pas ensemble comme ci-dessus.)	FRAIS.	DURÉE MOYENNE du trajet.	FRAIS.	DURÉE MOYENNE du trajet.
	fr.　c.	jours.	fr.　c.	jours.
De Toulouse à Bordeaux. . .	27　50	5 à 8	18　20	4 à 5
De Bordeaux à Toulouse. . .	55　50	12 à 20	18　20	4 à 5

Nous devons ajouter, pour terminer ces parallèles : 1° qu'une grande quantité de passages par les canaux permettra de modérer les tarifs, ce qui sera un nouvel avantage pour le commerce.

2° Qu'il n'est pas impossible de construire des navires qui puissent tenir la mer et passer par les canaux, ce qui leur permettrait d'aller d'une mer dans l'autre sans rompre charge et sans s'arrêter. Un semblable navire a déjà été établi et a fait le service entre Marseille et Toulouse, service qu'il n'a cessé qu'à cause de l'incertitude et de la difficulté de la navigation au-dessous de Toulouse.

3° Que si des navires à vapeur, chargés de marchandises, ne peuvent faire de longs voyages, ils vont sans aucun obstacle à de petites distances, puisque, depuis plusieurs années, de pareils navires font le service entre l'Angleterre et Bordeaux, et n'emploient que 60 heures pour aller ou venir. L'abondance des denrées à Bordeaux, lorsque la ligne des canaux sera complète, et les besoins du commerce, multiplieront ce genre de navires, et le négociant pourra livrer ses marchandises et recevoir ses retours en 8 à 10 jours, ce qui dans l'état actuel emploie de 90 à 100 jours et au-delà.

4° Que dans les délais que nous avons calculés pour la traversée par Gibraltar, nous n'avons pas fait état du temps perdu par les navires à attendre leur chargement ou à aller le compléter de port en port ; tandis que, lorsque les marchandises seront toutes rassemblées en un seul point à Bordeaux, le chargement sera toujours prêt, et les navires pourront repartir immédiatement après leur arrivée.

5° Que si des vents contraires peuvent retenir les convois pendant plusieurs jours sur nos côtes de l'Océan et de la Manche, des vents contraires et les courans peuvent les retenir pendant plusieurs mois dans le détroit de Gibraltar.

6° Enfin, que les tempêtes qui soufflent dans le détroit de Gibraltar, et qui chaque année causent de nombreux naufrages, n'existent pas à beaucoup près au même degré sur nos côtes.

Deuxième Partie.

PRODUITS DU CANAL.

CHAPITRE PREMIER.

PRODUITS EXTÉRIEURS OU MARITIMES,

D'APRÈS LES ÉTATS OFFICIELS PUBLIÉS PAR LA DIRECTION
GÉNÉRALE DES DOUANES.

D'après les états de douanes, la quantité (en poids) des marchandises et denrées de toute sorte importées pour la consommation, l'entrepôt et le transit, et exportées, quelle qu'en soit l'origine, s'élève année moyenne à environ 2,100,000,000 kilogrammes ou 2,100,000 tonneaux (1).

Sur ce total il convient de déduire 500,000 tonneaux de houille entrés par terre, et dont la valeur n'est pas en rapport avec la valeur des autres objets.

---

(1) Nous ferons remarquer que dans les états des douanes il se trouve un très-grand nombre d'objets dont les quantités ne sont pas exprimées en kilogrammes, et qu'en cherchant à faire une appréciation qui se rapporte à cette unité de mesure, il est possible que nos calculs n'aient pas été parfaitement justes ; mais l'erreur n'apporterait dans le résultat que de très-faibles différences.

Nous ferons également remarquer que dans nos calculs nous avons négligé les fractions pour plus de clarté, et comme ne présentant d'ailleurs qu'un intérêt très-secondaire.

Il reste 4,600,000 tonneaux pour la voie de mer et la voie de terre, et dont la valeur ou l'estimation est commune aux deux voies.

Or, d'après la valeur des objets entrés et sortis par navires, leur quantité (en poids) est de 4,420,000,000 de kilogrammes ou 4,420,000 tonneaux.

Les quantités entrées et sorties par terre sont de 480,000,000 kilogrammes ou 480,000 tonneaux, plus les 500,000 tonneaux de houille ; en tout 980,000 tonneaux.

L'évaluation faite par la douane des produits du commerce d'importation et d'exportation, étant moyennement de 4,486,000,000 francs (déduction faite de la valeur des houilles), et le tonnage effectif de 4,600,000 tonneaux, il en résulte que le prix moyen du tonneau est de 742 francs ; mais on sait que la valeur réelle est supérieure à l'estimation des douanes.

Les détails du commerce maritime français et ceux du commerce particulier des ports français, entre la Méditerranée et l'Océan, seront donnés dans les tableaux suivans.

SOMMAIRE DES TABLEAUX.

Le tableau N° 1.er présentera l'ensemble du commerce maritime français avec les puissances étrangères de toutes les parties du monde. On trouvera dans ce tableau : 1° le total du tonnage et le nombre des navires qui ont fait le commerce pendant les années 1825 à 1830 inclusivement ; 2° la moyenne du tonnage et la moyenne des navires ; 3° la moyenne du tonnage des navires ; 4° la valeur des marchandises entrées et sorties par navires ; 5° et la valeur moyenne du tonneau de marchandises, d'après les explications données dans ce chapitre.

Le tableau N° 2 présentera le total du commerce des ports français de la Méditerranée avec les puissances étrangères et les colonies françaises.

Les tableaux N°.s 3, 4 et 6 présenteront le commerce spécial des ports français de la Méditerranée avec les ports étrangers de l'Océan.

Le tableau N° 5 présentera le commerce spécial des ports français de l'Océan avec les puissances étrangères de la Méditerranée et de l'Adriatique.

Le tableau N° 7 présentera l'ensemble des entrées et sorties du commerce de cabotage , entre les ports français de l'Océan et les ports français de la Méditerranée, tel qu'il résulte de l'état publié par la direction générale des douanes.

Le tableau N° 8 présentera ce cabotage par port, avec distinction des ports de l'Océan et des ports de la Méditerranée.

Le tableau N° 9 contiendra la pêche de la morue pour les ports français de la Méditerranée.

Le tableau N° 10 contiendra la récapitulation du commerce français entre la Méditerranée et l'Océan (1).

Le tableau N° 11 présentera l'aperçu du commerce des puissances du nord de l'Europe avec les puissances étrangères de la Méditerranée et de l'Adriatique.

Le tableau N° 12 présentera l'aperçu du commerce de toutes les parties du monde entre l'Océan et la Méditerranée.

Ces tableaux seront terminés par un résumé qui contiendra l'attribution à la ligne des canaux d'une partie des produits échangés entre les deux mers.

---

(1) Dans tous les tableaux il n'est question que des navires chargés ; la douane ne fait pas état des navires sur lest.

La douane n'a publié les détails du commerce par port que depuis 1825, et les détails sur la pêche de la morue que depuis 1828.

(TABLEAU N° 1.)

COMMERCE MARITIME FRANÇAIS AVEC LES PUISSANCES ÉTRANGÈRES DE TOUTES LES PARTIES DU MONDE.

EXTRAIT DES ÉTATS PUBLIÉS PAR LA DIRECTION GÉNÉRALE DES DOUANES.

PUISSANCES avec lesquelles se fait le commerce.		1825. IMPORTATION. Tonnage des navires.	1825. EXPORTATION. Tonnage des navires.	1826. IMPORTATION. Tonnage des navires.	1826. EXPORTATION. Tonnage des navires.	1827. IMPORTATION. Tonnage des navires.	1827. EXPORTATION. Tonnage des navires.	1828. IMPORTATION. Tonnage des navires.	1828. EXPORTATION. Tonnage des navires.	1829. IMPORTATION. Tonnage des navires.	1829. EXPORTATION. Tonnage des navires.	1830. IMPORTATION. Tonnage des navires.	1830. EXPORTATION. Tonnage des navires.	ANNÉE MOYENNE. Entrée et Sortie. Tonnage.
Nord Europe	Angleterre													
	Suède, Norwège													
	Danemark													
	Pays-Bas	508,239	321,482	592,482	552,982	555,640	545,914	581,591	343,063	454,877	291,586	437,078	255,340	699,212
	Villes Anséatiques													
	Russie													
	Prusse													
Sud Europe	Autriche													
	Sardaigne													
	Toscane, États Romains	127,110	105,924	124,771	98,264	116,478	95,346	135,510	121,597	121,500	105,997	108,701	93,738	241,702
	Naples, Sicile													
Péninsule	Espagne													
	Portugal	52,879	31,097	63,848	45,852	62,275	45,784	54,110	40,624	55,866	35,375	58,426	28,787	97,520 Pour l'Espagne seule: 64,913
Levant	Turquie													
	Égypte	41,414	36,835	59,737	40,275	44,920	40,088	28,118	30,830	24,596	28,088	48,135	45,707	72,786
	États Barbaresques													
Colonies étrangères	Asie	128,362	132,502	178,152	122,018	163,572	143,072	148,551	154,061	169,395	148,608	171,840	106,069	291,275
	Amérique													
Colonies françaises		86,204	107,047	108,468	127,026	103,928	119,458	108,730	127,137	109,312	128,856	104,264	102,285	232,152
Totaux réunis par année		4,499,132 tonn.		1,683,875 tonn.		1,614,825 tonn.		1,661,582 tonn.		1,649,434 tonn.		1,658,593 tonn.		Tonnage moyen par année 1,624,910 t. Tonneaux effectifs par année 4,120,000 t.
Total des navires par année		17,305		17,227		16,052		16,647		15,709		15,225		Nombre moyen des navires par année 16,485. Tonnage moyen des navires 100 t.
Valeur, d'après la douane, des marchandises entrées et sorties par navires		707,411,714 fr.		766,646,176 fr.		811,816,512 fr.		845,949,504 fr.		861,104,627 fr.		859,747,629 fr.		Valeur moyenne, en francs, du tonneau 749 fr. Chargement effectif, moyen des navires 08 t.
Valeur, d'après la douane, des marchandises entrées et sorties par terre		405,504,780 fr.		766,891,005 fr.		556,588,992 fr.		571,685,562 fr.		565,070,426 fr.		551,254,869 fr.		La valeur moyenne du tonneau a été calculée sur la masse totale des marchandises entrées ou sorties par terre et par mer, ce qui l'évaluation comparée aux deux titres; mais on présume que la valeur réelle est toujours au-dessus de l'estimation de la douane.

(TABLEAU N° 2.)

COMMERCE TOTAL

Des ports français de la Méditerranée avec les puissances étrangères et les colonies françaises,

D'après l'état des douanes.

	IMPORTATION. Tonnage.	EXPORTATION. Tonnage.	NOMBRE des navires.
1825.	263,471	284,764	
Total.	548,235		6,746
1826.	269,488	272,454	
Total.	541,942		6,104
1827.	278,486	277,969	
Total.	556,455		6,383
1828.	279,181	293,141	
Total. . . .	572,522		6,310
1829.	241,797	264,672	
Total.	506,469		5,198
1830.	378,012	242,480	
Total.	620,492		5,790
Moyenne des six années. . . . . . 557,652 tonn.			6,088
Moyenne du tonnage des navires. . 94 1/2			

(TABLEAU N° 3.)

COMMERCE PARTICULIER

Des ports français de la Méditerranée avec les colonies étrangères
pendant l'année 1830,

D'après un relevé spécial fait à la Direction générale des douanes.

COLONIES.	ARRIVÉE DANS LES PORTS FRANÇAIS.		DÉPART DES PORTS FRANÇAIS.	
	Nombre des navires.	Tonnage.	Nombre des navires.	Tonnage.
Saint-Domingue.	4	825	5	1,054
Iles danoises d'Amérique.	1	247	8	1,968
Iles anglaises *idem*.	»	»	1	146
Iles espagnoles *idem*.	29	6,231	9	2,056
Etats-Unis.	92	21,401	51	12,710
Mexique.	6	1,572	9	2,087
Brésil.	17	3,144	41	8,045
Buénos-Ayres.	4	787	5	517
Colombie.	1	156	2	542
Ile Maurice.	6	1,784	2	555
Indes. Possessions anglaises. . .	1	245	»	»
Id. Possessions espagnoles. . .	1	276	»	»
Id. Possessions hollandaises. .	1	304	1	455
TOTAUX.	165	36,948	152	29,915

RÉCAPITULATION.

ENTRÉE. . . . . . Navires.	165	Tonnage.	36,948
SORTIE. . . . . . *Id.* .	152	*Id.* . . .	29,915
TOTAUX.	295		66,865

Tonnage moyen des navires . . 226 $^2/_3$ tonn.

(TABLEAU N° 4.)

COMMERCE PARTICULIER

Des ports français de la Méditerranée avec les colonies françaises pendant les années de 1825 à 1830,

D'après les états des douanes.

ANNÉES.	ENTRÉE.		SORTIE.	
	Navires.	Tonnage.	Navires.	Tonnage.
1825.	75	16,967	86	19,989
1826.	84	19,574	99	22,223
1827.	91	20,922	93	22,059
1828.	73	18,691	90	21,451
1829.	86	20,698	87	21,196
1830.	91	21,626	64	16,557
Année moyenne.	84	19,746	86	20,559

RÉCAPITULATION.

ANNÉE MOYENNE. { ENTRÉE. . . . . 19,746 tonn.
SORTIE. 20,559

TOTAL. . . . . . 40,285 tonn.

Tonnage moyen des navires. . 256 $\frac{1}{2}$ tonn.

COMMERCE PARTICULIER

Des ports français de l'Océan avec les puissances étrangères de la Méditerranée et l'Adriatique pendant l'année 1830,

D'après un relevé spécial fait à la Direction générale des douanes.

PUISSANCES.	NOMBRE DE NAVIRES.	TONNAGE.	OBSERVATIONS.
Sardaigne.	70	11,795	Dans le relevé ci-contre, il n'est pas fait mention de 18 navires sortis pendant l'année 1830 du port de Nantes, à destination d'Alger.
Toscane et États Romains.	6	996	
Naples et Sicile.	26	6,548	
Mer Adriatique.	7	1,458	
Toraux.	109	20,797	Tonnage moyen des navires. . 190⁷/₃ t.
Commerce particulier des ports français de l'Océan avec les côtes espagnoles de la Méditerranée.		10,000	
Total général.		30,797	

COMMERCE PARTICULIER

*Des ports français de la Méditerranée avec les puissances étrangères
du nord de l'Europe.*

Ainsi qu'on l'a vu par le tableau N° 2, le total du commerce des ports français de la Méditerranée avec les puissances étrangères et les colonies s'élève, année moyenne, à. . . . .   557,652 tonn.

Ce total se compose :

1° Des 66,865 tonneaux du commerce avec les colonies étrangères, ainsi qu'il résulte du tableau N° 5, ci.   66,865

2° Des 40,285 tonneaux du commerce avec les colonies françaises, ainsi qu'il résulte du tableau N° 4, ci.   40,285

3° De 220,995 tonneaux qui, avec les 20,797 tonneaux appartenant aux ports français de l'Océan, ainsi qu'il résulte du tableau N° 5, forment le total du commerce de la France avec le sud Europe , et montant , année moyenne , à 241,792 tonneaux, ainsi qu'on l'a vu au tableau N° 1, ci.   220,995

4° De 72,786 tonneaux, total du commerce de la France avec le Levant, ainsi qu'il résulte du tableau N° 1, ci. . . .   72,786

        } 400,929

Il reste.   156,723

5° Le commerce total de la France avec l'Espagne est, comme on le voit au tableau N° 1, de 84,918 tonneaux ; si nous en attribuons aux ports français de la Méditerranée 40,000 tonneaux, c'est sans doute beaucoup ; ci (1).   40,000

Il reste définitivement. . . . .   116,723 tonn.

(1) Le commerce total de la France avec l'Espagne étant , année moyenne , de 84,918 tonneaux, l'allocation que nous faisons ici aux ports français de la Méditerranée est , à peu de chose près , de la moitié de ce commerce, et tout porte à croire que la portion de ces ports ne s'élève pas si haut ; conséquemment il resterait plus que nous n'attribuons à leur commerce du nord de l'Europe. Mais nous comptons ainsi , pour être plutôt en dessous qu'au-dessus de ce qui est réellement. Nous n'avons d'ailleurs pas parlé du Portugal , dont le commerce ne présente aucun intérêt.

Lesquels 116,725 tonneaux représentent le commerce des ports français de la Méditerranée avec les puissances étrangères du nord de l'Europe; car il est clair que puisque le commerce total des ports français de la Méditerranée s'élève à 557,652 tonneaux, et que ce commerce avec toutes les parties du monde, moins le nord de l'Europe, n'est que de 400,929 tonneaux d'une part et de 40,000 tonneaux d'une autre part, en tout 440,929 tonneaux, il reste net pour le commerce avec le nord de l'Europe 116,725 tonneaux, et. comme on le voit, cette conclusion est fondée sur des documens officiels.

Cependant nous avons fait tous nos efforts pour nous procurer des renseignemens détaillés sur ce commerce avec le nord de l'Europe, et l'on jugera de l'étendue du travail auquel on s'est livré quand on saura que, fait sur deux années, il embrasse la généralité des marchandises, et qu'il contient autant d'articles qu'il y en a dans le tableau général du commerce publié par l'administration des douanes, c'est-à-dire, pour l'importation et l'exportation, plus de deux mille articles.

Mais il eût été bien difficile d'arriver à une connaissance exacte, même par évaluation, du poids de toutes les marchandises, parce que les douanes ne les rapportent pas toutes à la même unité; ainsi les unes sont comptées par estimation en francs, d'autres au kilogramme, d'autres au cube, au mètre, au stère, au litre, à la pièce, etc. etc. etc., et cinquante sortes de denrées comptées, par exemple, au mètre ou au litre, ont un poids différent, parce qu'elles ne sont ni de même espèce ni de même genre. Un tel travail eût été non-seulement très-difficile et très-long, mais encore inutile, puisque les tableaux que nous allons présenter ne sont que supplémentaires, l'importance du commerce étant suffisamment constatée par les documens ci-dessus rapportés.

Ainsi on ne verra dans l'état suivant que les marchandises dont la réduction à l'unité de poids a pu être faite.

*ÉTAT, d'après la douane, des marchandises échangées entre les ports fran-
çais de la Méditerranée et les puissances du nord de l'Europe.*

NATURE DES PRODUITS.	QUANTITÉS EN KILOGRAMMES.	
	1828.	**1830.**
Produits et dépouilles d'animaux.	1,260,765	3,410,779
Pèche.	1,084,257	709,662
Substances propres à la médecine et à la parfumerie.	501	206
Matières dures à tailler.	22,549	164,988
Farineux alimentaires..	14,000,000	3,151,559
Fruits.	962,452	879,469
Denrées coloniales de consommation.	1,840,087	2,191,574
Sucs végétaux.	1,352,420	1,015,401
Espèces médicinales..	111,532	178,955
Bois communs.	10,564,515	10,225,576
Bois exotiques.		
Fruits, tiges et filamens à ouvrer..	122,769	241,562
Teintures et tannins..	4,495,639	2,604,229
Produits et déchets divers.	56,755	298,515
Pierres, terres et minéraux divers.	2,515,077	4,685,401
Métaux.	2,330,719	2,772,814
Produits chimiques.	25,062,959	5,228,987
Teintures préparées..	29,455	24,667
Couleurs..	45,567	57,176
Compositions diverses..	869,708	588,979
Boissons.	15,637,971	15,437,272
Vitrifications..	111,087	198,786
Fils..	20,508	5,456
Tissus de lin et de chanvre.	155,211	98,620
Papier et ses applications.	25,861	16,750
Ouvrages en matières diverses.	150,140	165,725
TOTAUX.	80,425,864	52,149,268

D'après des renseignemens particuliers pris à Marseille, le commerce de cette ville avec les ports étrangers de la Manche et du nord de l'Europe s'élève annuellement à un tonnage d'environ 50,000 tonn.

Des relevés faits également à Marseille, et vérifiés à la Direction générale des douanes, constatent que ce commerce a employé, en 1828,   281 navir.

Jaugeant. . . . . 50,182 tonn.

Mais qu'en 1830, et en raison des événemens politiques, il n'a employé que. . . . . 203 navir.

Jaugeant. . . . . 55,850 tonn.

Ce tonnage s'est distribué de la manière suivante.

NOMS DES ÉTATS où vont et d'où viennent LES NAVIRES.	ANNÉE 1828.				ANNÉE 1830.			
	SORTIE DE MARSEILLE.		ENTRÉE A MARSEILLE.		SORTIE DE MARSEILLE.		ENTRÉE A MARSEILLE.	
	Nombre de navires.	Tonnage.	Nombre de navires.	Tonnage.	Nombre de navires.	Tonnage.	Nombre de navires.	Tonnage.
Angleterre et Irlande. . . .	49	8,255	24	3,027	25	4,295	27	4,255
Suède et Norwège..	44	9,020	52	6,848	9	1,862	52	6,615
Danemarck et Holstein.. . .	10	2,755	6	998	4	1,128	5	595
Pays-Bas et Hanovre. . . .	24	3,640	52	4,551	25	5,679	56	5,877
Villes anséatiques.	16	2,578	9	1,619	19	3,195	7	1,063
Prusse. { et tous les ports de la Baltique jusqu'à Memel..	1	170	12	2,105	2	550	1	184
Russie.	10	2,224	12	2,614	7	1,155	8	1,803
TOTAUX.	154	28,640	127	21,542	89	15,660	114	20,190

Le commerce de Cette avec les mêmes puissances, et d'après les relevés faits à Cette, s'est élevé, pour l'année moyenne de 1818 à 1829, à environ. . . . . 50,000 tonn.

Au nombre des marchandises figurent moyennement :

Vins. . . . . 100,000 hectol.

Esprits. 50,000   »

Sels.. . . . . 15,000,000 kilog.

D'après des relevés spéciaux faits à la Direction générale des douanes , les salins d'Hières ont exporté :

En 1828. . . . . sel. . . . . 12,468,000 kilog.

En 1829. . . . . *Id.* 6,337,000

En 1830. . . . . *Id.* . . . seulement. 2,487,000

Suivant les mêmes renseignemens, le commerce du port de Cette et des salins d'Hières est, en tonneaux effectifs, de. . . . . 45,000 tonn.

Si l'on compte seulement 35,000 tonneaux pour Marseille
et tous les autres ports français de la Méditerranée. 35,000

On aura. . . . . 80,000 tonn.

Ainsi qu'on l'a vu au tableau n° 1ᵉʳ, dans le commerce général, 68 tonneaux effectifs équivalent à un tonnage de 100 tonneaux ; conséquemment les 80,000 tonneaux effectifs dont il est ici question équivaudraient à un tonnage de 117,647 tonneaux, et l'on a également vu ci-dessus que nous n'avons attribué au commerce des ports français de la Méditerranée avec les puissances du nord de l'Europe qu'un tonnage de 116,725 tonneaux. Il y a donc exactitude, sauf qu'il ne paraît pas probable que les ports français de la Méditerranée absorbent 40,000 tonneaux dans le commerce de la France avec l'Espagne, et que le commerce de Marseille et des autres ports de la Méditerranée non désignés ici ne s'élève qu'à 35,000 tonneaux, lorsque celui de Cette seul est à ce niveau.

(TABLEAU N° 7.)

CABOTAGE D'UNE MER DANS L'AUTRE,

D'après les états des douanes.

	ENTRÉE DES BÂTIMENS. Tonnage.	SORTIE DES BÂTIMENS. Tonnage.	NOMBRE DES NAVIRES.	OBSERVATIONS.
1825.	143,060	158,074		Ce tableau est conforme aux états publiés par la Direction générale des douanes; mais ces états comprennent le total du cabotage, *Entrée* et *Sortie*, dans les deux mers sans distinction; c'est-à-dire, par exemple, qu'un navire sorti du Havre est compté au Havre et compté encore à son arrivée à Cette, *et vice versâ*, ce qui fait un double emploi. Les tableaux suivans, N° 8, première et deuxième partie, présenteront le cabotage spécial et réel pour chaque mer et pour chaque port.
Total. . .	285,134		2,500 (1)	
1826.	145,907	147,657		
Total. . .	293,564		2,480	
1827.	116,905	141,655		
Total. . .	258,560		1,832	
1828.	139,310	145,628		
Total. . .	284,938		2,083	
1829.	108,443	122,168		
Total. . .	230,611		1,481	
1830.	194,682	206,620		
Total. . .	401,302		2,611	

Moyenne des six années. . . . . 292,018 ¹/₆ tonn.

Moyenne des navires. . . . . 2,164 navires.

Moyenne du tonnage des navires. . . . 135 tonn.

---

(1) L'état des douanes porte le nombre des navires, pour 1825, à 2,718; mais il y a une erreur dans l'addition du total et une erreur particulière sur le port de Lorient.

DOUANES.

2ᵉ sous-direction.
NAVIGATION.

(TABLEAU Nᵒ 8, 1ʳᵉ PARTIE.)

ÉTAT détaillé du commerce de cabotage des ports français de l'Océan avec les ports français de la Méditerranée, pendant les années ci-après.

PORTS.	1825.		1826.		1827.		1828.		1829.		1830.		OBSERVATIONS.
	ARRIVÉE. Tonneaux.	DÉPART. Tonneaux.	ARRIVÉE. Tonneaux.	DÉPART. Tonneaux.	ARRIVÉE. Tonneaux.	DÉPART. Tonneaux.	ARRIVÉE. Tonneaux.	DÉPART. Tonneaux.	ARRIVÉE. Tonneaux.	DÉPART. Tonneaux.	ARRIVÉE. Tonneaux.	DÉPART. Tonneaux.	
Bayonne	169	738	»	2,370	»	830	»	506	»	2,222	»	2,433	
Bordeaux	»	4	75	179	660	215	1,052	1,212	635	1,577	418	1,940	
Paulliac	405	405	110	110	»	»	125	125	»	»	»	»	
Charente	»	158	»	47	»	626	»	487	»	»	»	»	
Rochefort	155	725	497	696	261	1,568	102	1,035	564	692	553	855	
La Rochelle	»	»	127	»	126	79	204	127	»	»	224	405	
Croix de Vic	»	»	»	»	100	624	»	846	»	78	»	»	
La Flotte	»	»	»	102	»	»	»	»	»	»	»	»	
Saint-Martin	»	»	»	»	»	»	»	184	»	191	»	»	
Marans	»	5,261	89	5,666	»	5,065	541	3,115	534	561	146	464	
Luçon	737	1,509	861	1,108	1,185	2,957	»	115	323	191	»	429	
Saint-Michel	»	»	»	»	261	376	1,591	1,591	»	»	»	»	
L'Aiguillon	»	»	»	»	»	567	400	565	»	60	»	»	
Les Sables	»	»	»	580	»	3,104	»	2,457	»	»	»	190	
Saint-Gilles	»	»	»	178	»	1,205	»	74	»	»	»	158	
Bourgneuf	»	555	184	1,487	112	1,007	»	1,806	»	387	»	162	
Paimbœuf	4,118	5,911	4,500	1,062	5,568	3,372	3,593	1,580	2,836	176	4,575	1,084	
Nantes	8,260	7,228	7,074	9,126	8,288	12,856	9,036	8,946	6,149	2,977	8,728	6,788	
Noirmoutier	»	95	»	»	»	549	»	275	»	»	»	»	
Redon	190	855	505	949	95	404	»	1,221	95	500	257	738	
Vannes	527	318	160	150	485	415	890	1,301	394	394	576	240	
Lorient	2,650	1,905	582	475	115	»	102	»	»	»	8,426	9,125	
Quimper	270	185	115	452	»	240	»	713	»	125	»	419	
Brest	815	614	1,675	2,186	1,041	1,580	887	1,315	1,145	1,526	3,420	15,307	
À reporter	18,116	22,640	16,217	36,543	16,105	36,941	18,435	51,334	12,465	11,519	27,123	58,477	

PORTS.	1825.		1826.		1827.		1828.		1829.		1830.		OBSERVATIONS.
	ARRIVÉE. Tonneaux.	DÉPART. Tonneaux.	ARRIVÉE. Tonneaux.	DÉPART. Tonneaux.	ARRIVÉE. Tonneaux.	DÉPART. Tonneaux.	ARRIVÉE. Tonneaux.	DÉPART. Tonneaux.	ARRIVÉE. Tonneaux.	DÉPART. Tonneaux.	ARRIVÉE. Tonneaux.	DÉPART. Tonneaux.	
Report.	18,116	22,640	16,217	26,543	16,105	36,941	18,453	34,334	12,465	11,512	27,125	38,477	
Roscoff.	»	1,314	»	78	»	614	»	526	»	»	129	129	
Morlaix.	1,035	799	1,122	5,251	»	1,394	»	952	174	764	»	430	
Lannion.	»	1,294	»	254	»	580	»	1,440	100	»	»	749	
Perros.	»	95	»	144	»	»	»	»	»	»	»	»	
Tréguier.	»	955	211	987	205	1,040	851	897	354	171	»	»	
Paimpol.	399	436	525	467	621	466	645	265	325	257	»	307	
Lézardrieux.	55	570	»	510	»	389	»	627	»	»	»	381	
Le Legué.	2,240	525	1,405	79	2,184	»	1,155	208	1,425	323	2,586	1,284	
Portrieux.	»	»	»	86	»	»	»	»	868	438	91	439	
Dinan.	»	»	»	»	»	»	»	263	58	78	251	111	
Binic.	»	»	»	»	»	»	»	»	»	»	72	708	
Bréhat.	»	»	»	214	»	»	»	154	»	»	248	249	
Saint-Servan.	»	»	»	»	»	»	»	»	844	263	718	1,758	
Saint-Malo.	2,456	5,181	4,528	3744	2,905	3,709	2,451	4,009	1,186	2,536	1,933	6,264	
Granville.	1,605	»	1,090	182	2,737	»	1,367	»	767	»	737	»	
Cherbourg.	1,339	1,736	1,618	582	1,056	834	1,035	864	1,191	1,414	2,308	5,837	
Caen.	2,294	2,647	2,931	2,138	1,415	848	2,067	1,663	1,404	1,379	1,925	801	
Honfleur.	1,686	1,655	2,707	3,620	1,313	1,215	118	79	766	1,172	850	1,797	
Rouen.	20,596	18,165	22,542	50,112	20,087	16,077	19,987	18,575	12,737	13,915	25,698	24,628	
Le Havre.	14,388	2,249	15,138	10,447	7,215	1,534	8,528	1,943	12,954	6,549	18,766	5,875	
Fécamp.	158	588	366	913	456	152	582	902	798	157	961	407	
Saint-Valery-en-Caux.	»	»	»	»	130	134	»	»	»	54	»	205	
Dieppe.	558	998	798	586	693	»	577	»	187	683	354	659	
Saint-Valery-sur-Somme. . . .	1,272	929	3,202	848	2,108	508	3,163	468	1,970	549	5,201	590	
Crotoy.	»	»	446	139	»	»	181	»	»	»	»	»	
Boulogne.	684	626	368	239	353	183	257	155	533	259	802	243	
Calais.	»	»	368	121	121	112	»	»	»	112	222	»	
Dunkerque.	5,390	4,685	4,647	4,507	2,797	2,187	2,594	1,561	2,985	4,159	3,476	4,805	
TOTAUX.	72,565	67,238	73,525	80,450	62,839	70,667	63,047	66,443	54,089	46,784	92,671	94,141	

RÉCAPITULATION, par contrée,

PORTS.	TOTAUX des 6 années. Tonneaux.	MOYENNE des 6 années. Tonneaux.
Bayonne.		
Bordeaux.	18,556	3,059 2/5
Pauillac.		
Charente.		
Rochefort.		
La Rochelle.		
Croix-de-Vie.		
La Flotte.		
Saint-Martin.	55,476	9,246
Marans.		
Luçon.		
Saint-Michel.		
L'Aiguillon.		
Les Sables.		
Saint-Gilles.		

PORTS.	TOTAUX des 6 années. Tonneaux.	MOYENNE des 6 années. Tonneaux.
Bourgneuf.		
Paimbœuf.		
Nantes.	141,084	23,514
Noirmoutier.		
Redon.		
Vannes.		
L'Orient.		
Quimper.	65,480	10,580
Brest.		
Roscoff.		

du tableau N° 8, première partie.

PORTS.	TOTAUX des 6 années. Tonneaux.	MOYENNE des 6 années. Tonneaux.
Morlaix.		
Lannion.		
Perros.		
Tréguier.		
Paimpol.		
Lézardrieux.	44,758	7,456 2/8
Le Legué.		
Portrieux.		
Dinan.		
Binic.		
Brehau.		

PORTS.	TOTAUX des 6 années. Tonneaux.	MOYENNE des 6 années. Tonneaux.
Saint-Servan.		
Saint-Malo.		
Granville.	95,054	15,505 4/6
Cherbourg.		
Caen.		
Houfleur.		
Rouen.		
Le Havre.		
Fécamp.		
Saint-Valéry-en-Caux. . .	382,492	65,748 4/6
Dieppe.		
Saint-Valéry-sur-Somme.		
Crotoy.		
Boulogne.		
Calais.	47,617	7,936 1/6
Dunkerque.		

Année moyenne. . . 141,046 4/6 tonn.

(TABLEAU N° 8. 2ᵉ PARTIE.)

ÉTAT détaillé du commerce de cabotage des ports français de la Méditerranée avec les ports français de l'Océan, pendant les années ci-après.

PORTS.	1825.		1826.		1827.		1828.		1829.		1830.	
	ARRIVÉE.	DÉPART.	ARRIVÉE.	DÉPART.	ARRIVÉE.	DÉPART.	ARRIVÉE.	DÉPART.	ARRIVÉE.	DÉPART.	ARRIVÉE.	DÉPART.
	Tonneaux.	Tonneaux.	Tonneaux.	Tonneaux.	Tonneaux.	Tonneaux.	Tonneaux.	Tonneaux.	Tonneaux.	Tonneaux.	Tonneaux.	Tonneaux.
Cannes.	»	»	»	125	267	268	565	126	»	»	288	»
Toulon.	6,279	2,308	8,431	2,729	11,750	705	13,559	1,649	4,535	1,716	10,715	7,297
Salins d'Hières.	»	»	»	»	»	1,186	»	450	»	»	»	»
Bandol.	»	852	»	959	»	227	»	790	»	584	»	5,055
Marseille.	36,279	33,417	40,797	29,207	40,634	56,304	58,476	65,592	45,659	63,538	76,757	74,368
Bouc.	292	1,563	122	1,627	»	792	262	254	»	»	594	816
Saint-Gilles.	504	504	»	»	»	»	»	582	»	»	»	»
Cette.	25,666	24,641	17,425	18,779	1,258	9,148	5,499	8,415	5,067	8,584	15,260	22,077
Agde.	1,508	1,488	»	»	»	»	»	»	»	»	»	»
Narbonne.	850	1,554	1,526	2,397	»	74	»	»	»	»	»	»
La Nouvelle.	2,552	1,717	2,122	10,240	»	»	»	»	»	»	196	»
Leucate.	23	23	»	176	»	»	»	»	»	»	»	»
Saint-Laurent.	690	565	»	»	»	»	»	»	»	»	»	»
Collioure.	»	»	65	71	»	»	»	»	»	»	»	»
Portvendres.	274	274	274	668	137	2,117	102	1,617	515	1,165	424	2,928
Totaux.	72,497	70,816	70,382	67,227	54,046	70,088	76,263	79,185	54,354	75,584	102,011	112,479

OBSERVATIONS.

On a vu au tableau N° 8, 1ʳᵉ partie, que le cabotage des ports de l'Océan avec les ports de la Méditerranée s'élève à 141,046 tonneaux, et dans le tableau ci-contre, le cabotage des ports français de la Méditerranée avec les ports français de l'Océan s'élève à 150,972 tonneaux. Il y a là une anomalie; car le cabotage se faisant de port à port français dans les deux mers, il ne peut être plus élevé dans une mer que dans l'autre.

Les explications qui nous ont été données à ce sujet à l'administration des douanes nous semblent sans réplique. La différence provient du chevauchement d'une année sur l'autre; c'est-à-dire que des navires partis d'une mer à la fin de l'année n'arrivent à l'autre mer que l'année suivante.

Il résulte de cette explication que pour avoir l'année moyenne, il faut réunir le cabotage des deux mers et en prendre la moitié, ainsi que nous allons le faire ci-dessous.

RÉCAPITULATION par contrée.

PORTS.	TOTAUX des 6 années.	MOYENNE des 6 années.
	Tonneaux.	Tonneaux.
Cannes. Toulon. Salins d'Hières. Bandol. Marseille. Bouc.	710,664	118,444
Saint-Gilles. Cette. Agde.	160,075	26,679 ⅙
Narbonne. La Nouvelle. Leucate. Saint-Laurent. Collioure. Portvendres.	35,093	5,848 ⅙

Moyenne...... 150,972 tonn.

L'année moyenne ci-contre est de..... 150,972 tonn.

L'année moyenne, au tableau N° 8, 1ʳᵉ partie, est de.................. 141,046 ⅙

Ensemble........ 292,018 ⅙

La moyenne des deux tableaux est de... 146,009 1/12

PÊCHE DE LA MORUE

Pour les ports français de la Méditerranée,

D'après l'état des douanes.

	IMPORTATION DE L'OCÉAN.				EXPORTATION dans L'OCÉAN. — MORUES.	TOTAL.
	MORUES.		HUILE.	DRACHES.		
	Vertes.	Sèches.				
	kilogrammes.	kilogrammes.	kilogrammes.	kilogrammes.	kilogrammes.	kilogrammes.
1828.	565	6,945,915	411,112	8.645	586,122	7,752,557
1829.	»	9,585,212	514,256	11,850	414,949	10,526,227
1850.	158,912	6,244,859	558,114	25,668	347,502	7,104,835
Total des trois années.						25,583,419
Année moyenne.						8,461,139

RÉCAPITULATION

Du commerce français entre la Méditerranée et l'Océan.

1° D'après le tableau N° 3. . . . .   66,865 tonn.
2° D'après le tableau N° 4.   40,285
3° D'après le tableau N° 5.   30,797
4° D'après le tableau N° 6.   116,723
5° D'après le tableau N° 8.   146,009
6° D'après le tableau N° 9.   8,461

TOTAL. . . . .   409,138 tonn.

(TABLEAU N° 11.)

COMMERCE

Des puissances du nord de l'Europe avec les puissances étrangères de la Méditerranée, l'Adriatique et le Levant.

———

D'après les documens fournis par la douane anglaise, le commerce d'Angleterre avec le midi de l'Europe, la France non comprise, s'élève à. . . . .   420,000 tonn.

Ce même commerce avec les côtes d'Afrique, non compris l'Égypte, s'élève à. . . . .   65,000 tonn.

Enfin le commerce de l'Angleterre avec les puissances étrangères de la Méditerranée, l'Adriatique et le Levant, est de. . . . .   225,000 tonn.

Il nous a été impossible de nous procurer des documens officiels sur les échanges des Pays-Bas, du Danemarck, de la Suède, de l'Allemagne, des villes anséatiques, de la Prusse, de la Russie, avec la Sardaigne, l'Italie, Naples et Sicile, l'Adriatique, la Turquie, l'Égypte, etc., etc.; mais les divers renseignemens qui nous ont été donnés par le commerce nous portent à croire que les échanges de toutes ces puissances ne peuvent être au-dessous de celles de l'Angleterre seule.

Les possessions anglaises de la Méditerranée n'augmentent pas tellement les mouvemens de son commerce, que l'on puisse ici en arguer en sa faveur contre toutes les autres puissances de l'Europe septentrionale, puisque la totalité de ces échanges avec Gibraltar, Malte et Corfou, ne s'élève qu'à un tonnage de 56,000 tonn.

Nous porterons donc le commerce de ces puissances du nord de l'Europe avec les puissances étrangères de la Méditerranée, l'Adriatique et le Levant, à 225,000 tonneaux, en faisant observer que le plus ou le moins est absolument sans importance pour les conclusions que nous en voulons tirer ici. . . . .   225,000 tonn.

Ensemble. . . . .   450,000 tonn.

COMMERCE

De toutes les parties du monde entre l'Océan et la Méditerranée et l'Adriatique.

On évalue le nombre des navires qui passent annuellement par le détroit de Gibraltar, pour le commerce général d'une mer dans l'autre, à 13 ou 14,000 navires.

Nous croyons qu'il y a exagération dans cette évaluation; toutefois nous avons vu que les navires du cabotage français jaugent 135 tonneaux.

Les navires qui font le commerce entre la Méditerranée et l'Angleterre jaugent, d'après l'état des douanes anglaises, 130 tonneaux.

Les navires qui trafiquent avec le nord de l'Europe, et surtout avec les Amériques et l'Inde, ont un plus fort tonnage encore (1).

Ainsi, en prenant le nombre le plus faible des passages qui est 13,000 navires, et le jaugeage le plus bas qui est 130 tonneaux, le tonnage serait de 1,690,000 tonneaux, que nous réduirons à 1,500,000 tonneaux, ci. 1,500,000 tonn.

---

(1) On a vu que le tonnage moyen des navires qui font le commerce général avec les ports français de la Méditerranée n'est que de 91 $\frac{1}{2}$ tonneaux, mais il faut remarquer que dans le commerce général se trouvent 220,000 tonneaux, provenant des côtes d'Italie et des autres puissances de la Méditerranée, dont les navires sont de petite dimension.

RÉSUMÉ

DES

TABLEAUX PRÉCÉDENS,

ET

ATTRIBUTION À LA LIGNE DES CANAUX D'UNE PARTIE DU PASSAGE DES MARCHANDISES
D'UNE MER DANS L'AUTRE.

On a vu au chapitre III ci-dessus, l'avantage que la navigation par les canaux offre sur la navigation par le détroit de Gibraltar au commerce d'échange entre la Méditerranée et le nord Europe; cet avantage ne sera pas moindre pour les Amériques et l'Inde, lorsque leurs échanges avec la Méditerranée pourront se faire à Bordeaux, puisqu'il est vrai que dans mille circonstances, un navire parti de Bordeaux sera arrivé à sa destination avant que celui parti de la Méditerranée ait pu doubler le cap Gibraltar (1).

On a également vu que le commerce français, d'une mer dans l'autre, est d'un tonnage de. . . . . 409,138 ton.

Que le commerce du nord de l'Europe, avec les puissances étrangères de la Méditerranée et l'Adriatique, est de. . . . 450,000

Total pour la France et le nord Europe. . . . . 859,138 ton.

Enfin, on a vu que le commerce de toutes les parties du monde entre l'Océan et la Méditerranée était approximativement d'un tonnage de 1,690,000 tonneaux, que nous avons réduit à. . . . . 1,300,000 ton.

---

(1) Il arrive très-souvent que des navires venant des îles à destination de Bordeaux vont sur leur lest charger dans les ports français de la Méditerranée pour les colonies, ce qui n'aura plus lieu lorsque ces navires trouveront leur chargement à Bordeaux.

Cependant, pour ne pas adopter d'exagération, et ne laisser à la ligne des canaux que des chances d'augmentation dans son revenu, nous ne lui attribuerons dans la masse commerciale, entre l'Océan et la Méditerranée y compris le commerce français, qu'un passage de 500,000 tonneaux effectifs, ci . . . . 500.000 ton.

CHAPITRE II.

PRODUITS INTÉRIEURS.

SECTION Ire.

RECHERCHES STATISTIQUES SUR LES PRODUITS DE LA LIGNE DE LA GARONNE,

et

COMPARAISON ENTRE CETTE LIGNE ET LA LIGNE DU CANAL DU MIDI.

ARTICLE Ier.

INDICATIONS GÉNÉRALES.

Il eût été, sinon impossible, au moins très-difficile, d'obtenir des renseignemens détaillés sur les produits particuliers de la vallée de la Garonne et du Lot, l'un de ses affluens; mais l'ensemble de ces produits est suffisamment connu par le nombre des bateaux qui naviguent annuellement, et qui est officiellement constaté aux bureaux de perception des droits de navigation, ainsi qu'on le verra dans ce chapitre.

Toutefois, nous n'avons pas cru devoir nous borner aux preuves qui résultaient de ces documens officiels, et nous nous sommes livrés à des recherches dont le résultat a été d'établir la quantité, la nature et la source des principaux produits de la vallée de la Garonne et la comparaison de cette ligne avec la ligne parcourue par le canal du Midi. Cette comparaison des deux lignes démontrera, sans même l'appui de nos documens officiels, que nous sommes loin d'attribuer à la vallée de la Garonne la quantité de produits qui lui appartient.

La vallée de la Garonne, depuis Toulouse exclusivement jusqu'à Bordeaux, a la même étendue que la ligne du canal du Midi, c'est-à-dire soixante lieues. La vallée du Lot, depuis son point navigable à Entraigues jusqu'à Villeneuve-d'Agen, où nous faisons remonter la vallée de la Garonne, a, une longueur de 180,000 mètres, 45 lieues. (*La longueur de la navigation en rivière est de 255,000 mètres.*)

Ainsi l'étendue en longueur des vallées de la Garonne et du Lot est de 105 lieues, celle du canal du Midi de 60 seulement.

La ligne du canal du Midi, de son embouchure dans la mer Méditerranée à son embouchure dans la Garonne, est sans affluens; et, en raison de la rupture de sa navigation à Toulouse, il passe très-peu de chose à destination d'une mer à l'autre, puisque, ainsi qu'on l'a déjà dit, ce passage ne s'élève pas au-delà de la vingtième partie de son produit.

Or le revenu actuel du canal du Midi est d'environ 2,500,000 fr., ce qui représente un passage sur toute l'étendue de la ligne de 125,000 tonneaux.

Le canal du Midi reçoit du canal des Etangs ou des ports de la Méditerranée de 55 à 60,000 tonneaux, soit en nombre rond 58,000 tonneaux de marchandises diverses, qui, répartis sur toute la ligne, équivalent à 29,000 tonneaux parcourant toute la ligne, ci.. . . . . 29,000 ton.

Le vingtième de son produit pour les passages d'une mer à l'autre est de 6,250 tonneaux (1), ci. 6,250

$$\text{Ensemble.} \qquad 35,250$$

Il reste pour le produit local 89,750 tonneaux , ci. 89,750

Soit en nombre rond. 90,000

Mais comme les produits particuliers du canal du Midi sont répartis sur toute la ligne depuis Cette jusqu'à Toulouse , et qu'ils ne parcourent chacun qu'une distance plus ou moins grande, il est évident que l'un dans l'autre ces produits ne parcourent que la moitié de la ligne ; ainsi, pour avoir 90,000 tonneaux comptés comme franchissant toute cette ligne, le total des produits doit être de 180,000 tonneaux.

------

(1) Nous ne comprenons pas ici , bien entendu , tout ce qui passe au canal du Midi et venant de la Méditerranée , mais seulement ce qui va dans l'Océan. Ainsi, dans les 58,000 tonneaux venant de la Méditerranée , une partie peut sortir du canal du Midi pour rester à Bordeaux ou sur le bas de la rivière , et cette partie n'est pas comprise dans ce que nous attribuons aux passages d'une mer à l'autre.

En égalant à la ligne du canal du Midi les lignes réunies de la Garonne et du Lot, qui ont une étendue de 45 lieues de plus dans un pays non moins riche, non moins productif et non moins commerçant, c'est assurément se placer dans une hypothèse que l'on ne peut taxer d'exagération.

Nous compterons donc un passage de 180,000 tonneaux répartis sur toute la ligne, et nous en ferons l'application à l'art. 1er de la 2e section ci-après.

Toutefois ce n'est pas sur l'étendue qu'il faudrait seulement se baser, car une très-petite contrée peut produire plus qu'une très-grande; on ne doit donc juger que sur les tableaux respectifs des produits, et ces tableaux, nous allons les mettre sous les yeux (1).

---

(1) Le département de la Haute-Garonne a été mis hors ligne, et en voici le motif : ce département est également et sur la ligne du canal du Midi et sur la ligne de la Garonne, conséquemment il n'appartient pas plus à l'un qu'à l'autre ; sa plus grande étendue est sur la partie supérieure de la rivière, et comme les produits descendent plus qu'ils ne remontent, notamment les vins et les grains, il y avait plus de raison d'attribuer ce département à la ligne de la Garonne qu'à le laisser hors ligne.

Sous le titre de contrée à desservir, nous avons joint au tableau des vins, les départemens des Bouches-du-Rhône, du Var, de Vaucluse et du Gard, parce qu'effectivement la ligne des canaux servira à l'écoulement des produits de ces départemens, et que dès-lors il nous a paru utile d'en faire connaître l'importance.

TABLEAU des produits des vins, des lignes des canaux, et des lignes qu'ils desserviront.

	DÉPARTEMENS.	D'APRÈS M. CHAPTAL, année moyenne. de 1804 à 1808.	D'APRÈS M. CAVOLEAU, année moyenne. 1824.	D'APRÈS le compte rendu des finances. 1830.	OBSERVATIONS.
		hectolit.	hectolit.	hectolit.	
Contrée à desservir.	Bouches-du-Rhône.	560,000	590,000	550,000	
	Var.	827,000	695,000	1,014,000	
	Vaucluse.	310,000	362,000	250,000	
	Gard.	957,000	1,041,000	1,181,000	
	Total.	2,654,000	2,686,000	2,955,000	
Ligne intermédiaire.	Haute-Garonne. Total. .	775,000	467,000	486,000	
Ligne du canal du Midi.	Aude.	543,000	601,000	664,000	
	Hérault.	1,545,000	1,713,000	2,766,000	
	Total.	2,088.000	2,514,000	3,430,000	
Ligne du canal de la Garonne.	Gers..	877,500	1,094,000	1,120,000	
	Lot.	450,000	566,000	467,000	
	Lot-et-Garonne..	691,000	580,000	1,029,000	* M. Chaptal n'a pas parlé de Tarn-et-Garonne, on l'a porté ici comme au tableau de M. Cavoleau.
	Tarn.	594,000	455,000	556,000	
	Tarn-et-Garonne *.	264,000	264,000	480,000	
	Gironde** { La Réole. 336,000 / Bazas. . . 403,000 }	759,000	759,000	759,000	** Division faite d'après M. Cavoleau.
	Total.	3,415,500	5,676,000	4,171,000	

1830. Total des lignes des canaux et de la ligne intermédiaire. . 8,087,000 hect.

Total, y compris la ligne à desservir. 11,042,000

ÉTAT DES RÉCOLTES EN GRAINS ET LÉGUMES SECS, D'APRÈS M. CHAPTAL.

DÉPARTEMENS.	QUANTITÉS					D'HECTOLITRES.				TOTAUX par DÉPARTEM.	TOTAUX SECTN.	GRAND TOTAL.	NOMBRE D'HABITANS.
	FROMENT.	SEIGLE MÉTEIL.	MAÏS.	CHATAIGN.	ORGE.	LÉGUMES SECS.	POMMES DE TERRE.	AVOINE.	SEIGLE CALIBR.				
Lignes du canal du Midi.													
Aude	1,290,392	185,672	318,676	5,000	9,300	»	580,000	30,000	»	2,217,140	2,995,093		265,994
Hérault	504,495	87,955	1,100	270	37,183	»	75,597	73,303	»	777,953			359,160
Totaux par espèces	1,794,887	271,327	319,776	5,270	46,683	»	433,597	103,303	»				605,331
Lignes intermédiaires.													
Haute-Garonne	1,197,000	47,400	275,200	10,800	12,000	43,600	15,000	76,680	»	1,677,680	1,677,680	14,018,281	407,016
Ligne du canal de la Garonne.													
Gers	1,014,855	113,585	80,976	»	57,926	24,000	»	115,557	28,000	1,413,677			307,601
Lot	500,000	139,005	254,934	40,800	32,000	»	160,000	40,000	»	1,183,739			180,315
Lot-et-Garonne	885,474	218,184	143,032	»	»	50,000	»	34,487	»	1,510,194	9,345,508		356,886
Tarn	840,000	630,000	380,000	7,300	354,847	62,595	55,537	1,039,951	15,868	5,384,778			327,655
Tarn-et-Garonne	720,000	144,000	260,000	»	125,980	4,000	70,000	728,100	»	2,062,080			241,586
Totaux par espèces	5,977,329	1,286,369	1,007,982	48,300	580,733	120,595	285,537	1,955,075	43,868				1,494,243

ÉTAT DES RÉCOLTES EN GRAINS ET LÉGUMES EN 1830,

D'APRÈS LES DOCUMENTS DU MINISTÈRE DU COMMERCE.

DÉPARTEMENTS.	FROMENT.	SEIGLE MÉTEIL.	MAÏS.	SARRASIN.	ORGE.	LÉGUMES SECS.	POMMES DE TERRE.	AVOINE.	MENUS GRAINS.	TOTAUX par DÉPARTEMENTS.	TOTAUX RÉUNIS.	GRAND TOTAL.	NOMBRE D'HABITANTS.
Ligne du canal du Midi													
Aude	700,000	175,250	297,900	10,800	43,200	17,525	139,600	365,000	9,760	1,816,535			265,991
Hérault	378,750	130,200	5,880	540	32,575	19,800	124,800	228,000	17,550	937,605	2,754,450		339,560
Totaux par espèces	1,138,750	305,450	305,480	11,340	75,575	37,125	264,400	591,000	27,310				605,551
Ligne intermédiaire													
Haute-Garonne	4,040,289	722,852	586,281	28,188	147,200	56,650	»	216,173	8,245	2,405,826	2,405,826	13,296,225	407,016
Ligne du canal de la Garonne													
Gers	1,179,981	64,296	278,365	»	54,412	26,742	78,000	124,387	18,876	1,802,259			307,601
Lot	642,600	274,550	450,000	168,000	61,200	16,200	560,000	90,000	»	2,062,550			280,515
Lot-et-Garonne	1,522,500	540,000	126,000	»	8,775	110,000	180,000	24,600	»	2,508,875	10,135,969		336,886
Tarn	960,848	558,681	412,275	2,660	8,172	62,650	558,740	170,122	28,567	2,451,685			327,655
Tarn-et-Garonne	768,214	144,307	240,210	»	11,925	42,026	116,000	45,707	»	1,310,590			241,786
Totaux par espèces	5,083,143	1,362,034	1,507,050	170,660	124,485	257,608	1,052,740	450,816	47,445				1,494,243

ARTICLE II.

VINS ET ESPRITS.

§ Ier.

APPRÉCIATION DES QUANTITÉS TOTALES QUI SE DISTRIBUENT DANS CHAQUE LIGNE.

On a vu par le tableau des vins que la ligne du canal du Midi produit. . . . . 3,430,000 hectol.

Et la ligne du canal de la Garonne. 4,174,000   »

Mais ces quantités doivent être réduites, outre la consommation locale,
du montant des distillations.

Nous ne pouvons avoir de guide plus sûr que l'*OEnologie* de M. Cavoleau,
basée sur les renseignemens les plus détaillés et les plus précis, et confor-
mes d'ailleurs à ceux que nous avions recueillis avant de connaître cet
excellent ouvrage ou qui nous sont parvenus postérieurement.

En 1824, le produit des vins du département de l'Hérault était de
1,713,600 hectolitres; sur cette quantité

547,300 hectolitres étaient consommés par les habitans ou perdus en
déchets;

1,063,600 hectolitres livrés à la distillation;

302,300 étaient donc mis dans le commerce.

Aujourd'hui, par l'augmentation de l'étendue des vignes, et d'après le
compte rendu des finances en 1830, le produit des vins de ce département
est de 2,766,000 hectolitres.

La consommation locale n'a pas augmenté non plus que les quantités
livrées en nature au commerce, ainsi que nous le démontrerons plus loin;
dès lors on peut être assuré que la distillation emploie 2,000,000 hectolitres; cependant nous ferons observer que les 2,000,000 hectolitres distillés,
les 347,500 hectolitres de consommation locale, et les 302,500 hectolitres
livrés au commerce, ne forment qu'un total de 2,650,000 hectolitres; mais
aussi l'on pense bien que les 1,053,000 hectolitres d'accroissement dans les
produits depuis 1824 subissent les déchets habituels, ce qui peut très-
exactement rétablir l'équilibre.

Le département de l'Aude distille 200,000 hect.; ainsi le total des distillations dans les départemens de l'Hérault et de l'Aude est de   2,200,000 hect.

Qu'il faut déduire du total des vins, qui est de   3,450,000

Il reste   1,250,000

A quoi il faut ajouter le produit des distillations, qui est
en eau-de-vie le 10ᵉ du vin distillé,

  Pour l'Hérault. . . . .   200,000 hect. ⎫
                   220,000
  Pour l'Aude.   20,000   ⎭

 Total des liquides fournis par les deux départemens de
l'Hérault et de l'Aude   1,450,000

La consommation locale étant en vin seulement :

  Pour l'Aude, de . . . .   270,000 hect. ⎫
                   617,500
  Pour l'Hérault, de   347,500   ⎭

Il reste donc pour la ligne du canal du Midi. . . . . .   832,500 hect.

Le total du produit des vins de la ligne de la Garonne
est de. . . . .   4,171,000 hect.

La distillation est :

  Pour le Gers, de . . . .   510,000 hect. ⎫
  Pour le Lot, de   5,000   ⎮
  Pour Lot-et-Garonne, de   180,000   ⎬   725,000
  Pour Tarn-et-Garonne, de . . .   2,000   ⎮
  Pour Bazas et La Réole, de . . .   50,000   ⎭

          Il reste.   3,446,000

A quoi il faut ajouter le 10ᵉ du vin distillé pour le produit de la distillation, au même degré que pour la ligne
du canal du Midi, ci.   72.500

Total des liquides fournis par la ligne de la Garonne .   3,518,500 hect.

(70)

D'autre part. . . . . . . 3,518,500 hect.

La consommation locale étant en vins seulement

Pour le Gers, de	350,000 hect.	
Pour le Lot, de	250,000	
Pour Lot-et-Garonne, de	345,000	
Pour le Tarn, de.	250,000	1,491,000
Pour Tarn-et-Garonne, de . . .	196,000	
Pour Bazas et La Réole, de . . .	100,000	

Il reste donc . . . . 2,027,500 hect.

Ces 2,027,500 hectolitres restant disponibles à la ligne du canal de la Garonne, ne sont pas aujourd'hui transportés par eau, et ne passeront pas conséquemment en entier sur le canal latéral; mais il s'en faut de beaucoup aussi que les 852,500 hectolitres restant à la ligne du canal du Midi prennent passage sur ce canal.

Cependant tout ce qui, sur la ligne de la Garonne, est à destination de Bordeaux, de l'ouest et du nord de la France et du nord de l'Europe, ne suivra pas d'autre voie que celle du canal latéral, tandis que ce qui sur la ligne du canal du Midi a les mêmes destinations est en majeure partie embarqué sur mer, ainsi qu'on va le voir.

§ II.

LIGNE DU CANAL DU MIDI.

Quantité de liquides disponibles sur cette ligne.

Département de l'Hérault.

Dans l'arrondissement de Montpellier, les vins de Saint-George-d'Orgues sont enlevés spécialement par les Anglais, les Hollandais et par les villes anséatiques. Nice, Livourne, Gênes et en général les côtes d'Italie prennent les vins colorés et liquoreux. Les Pays-Bas tirent les gros vins corsés et noirs; ils prennent aussi les vins dits de *cargaison*, et quelques vins muscats. Hambourg et les villes anséatiques, le Danemark et la Prusse demandent les mêmes qualités que les Pays-Bas, et de plus les vins blancs dits *picardans* ou liquoreux et secs. La Russie, par Riga et Pétersbourg, demande les vins blancs, particulièrement les vins secs. Le débouché principal des vins de qualité de cet arrondissement se fait dans l'intérieur et au nord de la France, par le Havre, Rouen, Paris, Dunkerque, Boulogne et Saint-Valery, sous la désignation de vins *de cargaison*, de montagne, Saint-Georges, Saint-Christol, etc., etc.

Dans l'arrondissement de Béziers, on livre au commerce, ou l'on expédie dans les départemens voisins :

100,000 hectolitres de vins rouges ;

95,000 *idem* de vins blancs ;

Et 20,000 *idem* de vins muscats.

Béziers n'expédie par Cette que 20,000 hectolitres.

Les vins muscats et les vins blancs sont achetés par les négocians de Cette ou de Montpellier, qui les travaillent et les expédient ensuite dans le nord de la France ou à l'étranger. Les vins rouges propres au transport sont achetés en grande partie par les Génois ; le reste passe dans les départemens du Tarn et de l'Aveyron.

Les vins qui sortent des arrondissemens de Lodève et de Saint-Pons sont enlevés, savoir : les vins blancs par les négocians de Cette, et les vins rouges par des marchands colporteurs qui les transportent dans l'Aveyron, la Lozère, le Cantal et dans l'arrondissement de Saint-Hippolyte-du-Gard.

Les arrondissemens de Lodève et de Saint-Pons fournissent le septième seulement des vins récoltés dans le département ; l'arrondissement de Saint-Pons ne produit que des vins rouges, et les vins blancs de l'arrondissement de Lodève sont en petite quantité, en sorte que la presque totalité des vins de cet arrondissement passe dans les départemens limitrophes.

L'arrondissement de Béziers fournit aussi une grande partie de ses vins aux départemens voisins.

L'on peut donc donner comme certain que les trois quarts des vins de l'Hérault sont expédiés pour l'ouest de la France, le nord de l'Europe et les côtes de l'Italie, soit. . . . . . . 225,000 hect.

Si l'on admet que toute la production de ce départetement soit employée, les eaux-de-vie monteraient à 200,000 hectolitres, dont 185,000 environ seraient livrés au commerce ; le reste serait consommé dans le pays ou converti en parfumerie, etc. 185,000

Total. . . . . 410,000 hect.

En 1823, les produits des vins sortis du département étaient comme ci-dessus, de. . . . . 225,000 hect.

Le produit des distillations a été de 125,000 hectolitres, dont pour le commerce. 110,000

Ensemble. . . . . 335,000 hect.

Il résulte des relevés faits à la même époque de 1823, aux directions où les acquits à caution ont été délivrés, qu'il a été expédié à l'étranger et par mer, du port de Cette, savoir :

Vins { de la direction de Béziers. . . . 19,753 hect.
{ de la direction de Montpellier. . 180,158

Total. 199,911

Esprits { de la direction de Bé-
{ ziers . . . . 1,843 } 44,898
{ de celle de Montpel-
{ lier . . . . 43,055 }

En tout. . . . . . 244,809 hect.

Le port de Cette a expédié pendant cette même année 1823 pour les ports de l'ouest de la France.. 110,000

354,809 hect.

De 1818 à 1820, les expéditions pour les ports de l'ouest de la France, ont été, savoir :

Pour le Havre et Rouen, de. . . . . 54,290 hect.

Pour les autres ports, de. 52,570

Ensemble. . . . . 103,660 hect.

De 1825 à 1829, ces expéditions ont été de.. . . . . 109,070 hect.

Les exportations à l'étranger ont peu varié.

On voit que la quantité exportée et expédiée en France excède les produits du département de l'Hérault : mais aux 535,000 hectolitres fournis par ce département, ci. . . . . 535,000 hect.

Il faut ajouter environ 50,000 hectolitres expédiés du port de Cette, et provenant du département du Gard, ci. 50,000

Et 12,000 hectolitres aussi expédiés du port de Cette, et provenant du département de l'Aude, ci. 12,000

Total. 597,000

Le total des exportations à l'étranger et des expéditions en France, est de. . . . . , . . 534,809

Il reste donc. 52,191 hect.

Ces 52,191 hectolitres restans appartiennent au département de l'Hérault, et peuvent s'écouler par la voie du canal du Midi, mais aussi une partie peut s'écouler par le Rhône.

Si l'augmentation des produits du département de l'Hérault est livrée au commerce, l'exportation de ce département sera comme on le voit ci-dessus de 440,000 hectolitres, au lieu de 535,000 : ce serait donc 65,000 hectolitres à ajouter aux 52,191 restans, ce qui porterait le total à 97,191 hectolitres pour la ligne du canal du Midi et le Rhône, en supposant que les exportations par mer n'eussent pas augmenté proportionnellement.

Département du Gard.

Le département du Gard, qui avoisine la ligne du canal du Midi et qui récolte un grand excédant de vins, ne se sert pas non plus du canal du Midi, ou ne s'en sert que très-peu.

Les vins de Saint-Gilles et de la Costière, arrondissement de Nismes, sont expédiés pour Paris, par la voie du Rhône, et pour la Hollande, par le port de Cette. Les vins de Saint-Vincent, Jonquières, Redessan, Manduel, Meynes, et de tout l'est de l'arrondissement, sont dirigés sur Lyon, d'où une portion s'écoule vers le Rhin ; ceux de Lédenon et de Langlade, qui ne sont pas consommés sur les lieux, passent dans les arrondissemens voisins ; une très-faible partie arrive à Paris.

Une partie des vins de l'arrondissement d'Uzès, mélangés avec les vins de Saint-Gilles, suit leur destination. Il en est expédié en Bourgogne, pour des mélanges, le reste est expédié pour le nord de la France, l'Angleterre, la Hollande, l'Allemagne, la Russie et la Suède. Il s'en écoule pour ces diverses destinations à peu près 60,000 hectolitres.

L'arrondissement d'Alais et l'arrondissement de Saint-Hippolyte, n'exportent que pour l'Ardèche, la Lozère, le Puy-de-Dôme, l'Aveyron et la Haute-Loire.

Sur les 60,000 hectolitres expédiés à l'étranger ou dans le nord de la France, nous en avons compté 50,000 comme embarqués au port de Cette ; les 10,000 hectolitres restans vont par le Rhône à Lyon.

Département de l'Aude.

Le département de l'Aude produit.		664,000 hect.
Il est consommé par les habitans. . . .	270,000 hect.	
Il est distillé	200,000	470,000
Il reste pour le commerce.		194,000 hect.

Les arrondissemens de Carcassonne et de Limoux n'exportent que pour les départemens du Tarn et de l'Arriège, l'arrondissement de Narbonne expédie aussi pour l'Arriège et pour la Haute-Garonne, Bordeaux, Lyon et Paris.

Outre la consommation locale, le département fait une réserve pour les années de disette, en sorte que si, déduction faite de ce qui s'écoule dans les départemens voisins, et des 12,000 hectolitres que nous avons dit être

embarqués à Cette, l'on porte à la moitié des 194,000 hectolitres restans,
ce qui peut s'écouler par le canal, c'est beaucoup, ci . . .   97,000 hect.

Il faut ajouter le produit des distillations, ci   20,000

En tout. . . . . .   117,000 hect.

Il est donc démontré que le canal du Midi ne reçoit pas tous les produits
qui croissent sur sa ligne, ou qui avoisinent cette ligne.

Cependant le canal du Midi donne passage à une très-grande quantité
de liquides, et qui lui proviennent, comme on vient de le voir, du département de l'Aude, d'un excédant des départemens de l'Hérault et du Gard,
du département des Pyrénées-Orientales, par le canal de la Nouvelle, des
vins de Côte-Rotie du Rhône, et des vins de l'Ermitage de la Drôme, etc, etc.

Le canal du Midi donne aussi passage à une partie des vins de la Haute-
Garonne, et nous devons les compter ici, car ce département n'a été mis
hors ligne, dans le tableau, que parce qu'il appartient également aux deux
canaux; mais il n'en faut pas moins, dans les détails, faire état des produits qu'il verse à l'un et à l'autre.

Tout ce qui afflue au canal du Midi sera versé dans le canal de la
Garonne, puisque l'écoulement a lieu pour Bordeaux et par Bordeaux.

OBSERVATION.

L'*Œnologie française* attribue au département de l'Hérault 91,941 hectares de vignes, savoir : pour l'arrondissement de Montpellier, 25,444;
pour l'arrondissement de Beziers, 52,102; pour celui de Lodève, 12,595, et
pour celui de Saint-Pons, 5,800, produisant ensemble 1,713,600 hectolitres.

Le compte rendu des finances, en 1850, attribue à ce même département
de l'Hérault 124,800 hectares de vignes, dont le produit est de 2,766,000
hectolitres.

Il y a donc une augmentation de produits de. . . . . .   1,052,485 hect.

D'après les mêmes documens, le département du Gard,
qui produisait 1,041,000 hectolitres, produit 1,181,000,
ce qui fait une augmentation de.   140,000

Le département de l'Aude produisait 601,000 hectolitres,
il en produit 664,000, différence en plus.   63,000

Total de l'augmentation. . . . .   1,255,485 hect.

La plupart de ces vins sont convertis en eau-de-vie, mais il est impossible que la quantité mise en nature dans le commerce ne soit pas relative.

Cependant nous avons vu que, depuis 1818, la quantité exportée est restée à peu près la même; l'accroissement de passage par le canal du Midi, est loin de répondre à l'accroissement de la production; mais si le pays avait une voie de communication plus sûre et plus prompte que la voie de mer et la Garonne, nul doute que tous les produits ne fussent livrés au commerce.

D'après les calculs que nous avons faits plus haut, sur la récolte du département de l'Hérault, on voit qu'en convertissant la majeure partie de ses vins en eau-de-vie, ce département peut livrer au commerce 440,000 hectolitres.

L'augmentation de produit des départemens du Gard et de l'Aude porterait la totalité à près de 600,000 hectolitres, qui sont aujourd'hui expédiés par mer, ou qui restent invendus faute de débouchés convenables. Le canal de la Garonne fera disparaître ces obstacles en facilitant l'écoulement par l'intérieur.

Cette facilité de communication permettrait aussi de livrer au commerce une plus grande quantité de vins en nature, et alors les transports par les canaux, pour ces seuls départemens, en comptant ce qui est expédié par mer pour le Nord, pourraient s'élever à plus de 1,000,000 hectolitres.

§ III.

LIGNE DE LA GARONNE.

Quantité de liquides disponibles sur cette ligne.

Nous avons vu que la quantité des vins et eaux-de-vie, restant disponible aux départemens de la ligne du canal de la Garonne, était de 2,027,500 hectolitres.

Cette quantité est le résultat de la déduction faite sur la production, de la consommation locale, des déchets et de la distillation d'après l'*Œnologie française*.

Nous allons faire ici la division d'une autre manière et d'après le compte rendu des finances, en portant ce qui est livré au commerce intérieur et extérieur et ce qui est converti en eau-de-vie.

Gers.	686,105 hect.
Lot.	259,959
Lot-et-Garonne.	710,976
Tarn.	142,222
Tarn-et-Garonne.	500,546
Bazas et la Réole, le quart de la Gironde, (ces deux arrondissemens faisant le quart de la production du département).	600,000
Total	2,699,588 hect.

La distillation dans ces départemens emploie 725,000 hectolitres, ci à déduire.	725,000
Il reste.	1,974,588
A quoi ajoutant le produit des distillations.	72,500
Le total livré au commerce est de.	2,047,088 hect.

La différence des deux calculs est de 19,588 hectolitres, ce qui est très-peu de chose sur un total qui dépasse deux millions.

On se rappellera que nous n'établissons pas ici les revenus du canal de la Garonne, mais que nous faisons seulement le parallèle des deux lignes du canal du Midi et de la vallée de la Garonne, pour parvenir à l'établissement de ce revenu.

Ainsi nous sommes loin d'attribuer au canal de la Garonne le passage de ces 2,047,088 hectolitres de boissons.

Gironde.

Les arrondissemens de Bazas et de la Réole, département de la Gironde, ont un excédant de 600,000 hectolitres, sur quoi 50,000 environ sont distillés et produisent 5,000 hectolitres d'eau-de-vie; c'est donc 573,000 hectolitres qui sont à la disposition du commerce, et dont la plus grande partie est embarquée sur la Garonne pour descendre à Bordeaux.

Gers.

On a vu plus haut que nous avons compté le produit des distillations pour la ligne du canal de la Garonne, au même degré que les distillations de la ligne du canal du Midi ; mais les départemens de l'Aude et de l'Hé-rault font des esprits à 33 degrés , tandis que le département du Gers fait les eaux-de-vie , dites d'Armagnac, à 20 degrés, d'où il suit que le produit des eaux-de-vie dans ce département , est beaucoup plus élevé que ce que nous avons porté.

Le département du Gers fournit environ 85,000 hectolitres d'eau-de-vie , dont près de 60,000 appartiennent à l'arrondissement de Condom.

Ces eaux-de-vie descendent presque toutes sur Bordeaux.

Quant aux vins livrés au commerce , et montant à environ 180,000 hectolitres, une partie seulement s'écoule également par Bordeaux , et il n'en est ici question que pour mémoire.

Lot.

L'OEnologie française estime la quantité de vins livrés au commerce par ce département, à 316,859 hectolitres , et le compte rendu des finances, seulement à 239,959 hectolitres.

Environ 200,000 hectolitres sont expédiés à Bordeaux , par le Lot et la Garonne, pour être employés à colorer et fortifier des vins légers et faibles, et pour être réexpédiés dans le nord de l'Europe ; 2 à 3,000 hectolitres de vin rouge vieux arrivent directement à Paris.

Tous ces vins proviennent en majeure partie des arrondissemens de Cahors et de Gourdon.

Le surplus est transporté dans les départemens voisins, tels que l'A-veyron, la Corèze , le Cantal , etc.

Lot-et-Garonne.

L'OEnologie estime la quantité de vins exportés du département de Lot-et-Garonne, à. . . . . 140,000 hect.

Et la quantité distillée à 95,230 hectolitres, quantité que, en raison de l'augmentation de production , nous avons élevée à 180,000

En tout. . . . . 320,000 hect.

Le compte rendu des finances porte le total de l'exportation et distillation à 710,976 hectolitres.

Cette différence provient de ce que le département ne produisait, à l'époque où fut faite l'OEnologie, que 580,000 hectolitres, tandis qu'aujourd'hui il produit 1,029,000 hectolitres.

Cette augmentation est justifiée par la quantité de vignes qui n'était que de 58,485 hectares et qui est maintenant de 71,000.

Toutefois nous ne porterons la quantité de vins livrés au commerce qu'à 220,000 hectolitres, ci. . . . . 220,000 hect.

Les distillations à. 180,000
____

En tout. . . . . 400,000 hect.
____

Sur les 220,000 hectolitres de vin, 200,000 sont expédiés par Bordeaux, le surplus est envoyé de l'arrondissement de Nérac dans le département des Landes et du Gers.

Quant aux eaux-de-vie, l'observation qui a été faite à l'article du département du Gers s'applique ici; les 180,000 hectolitres de vin distillé produisent 53,900 hectolitres d'eau-de-vie à 19 dégrés, dont la presque totalité est expédiée pour Bordeaux.

Tarn.

Sur les 400,000 hectolitres, montant du produit de ce département, l'arrondissement de Gaillac est compris pour 200,000.

L'exportation étant de 142,222 hectolitres, la moitié pour l'arrondissement de Gaillac, sera en nombre rond de 71,000 hectolitres qui sont expédiés pour Bordeaux et Paris, où ils sont employés à des coupages.

La consommation du département étant de 250,000 hectolitres, celle de l'arrondissement de Gaillac devrait être de 62,500; conséquemment il lui resterait un excédent de 157,500 hectolitres; ses expéditions peuvent donc s'élever bien au-delà de 71,000 hectolitres.

Tarn-et-Garonne.

L'OEnologie porte à 66,755 hectolitres la quantité de vins livrés au commerce par ce département et à 70,000 hectolitres avec ce qui est ajouté de vins tirés de Toulouse et de Cahors.

Le compte rendu des finances porte ce qui est livré au commerce à 300,346 hectolitres, ce qui fait une différence énorme.

Cette différence provient de ce que l'OEnologie n'a trouvé que 23,168 hectares de vignes, et une récolte de 264,560 hectolitres, tandis qu'à l'époque où fut publié le compte des finances il y avait 40,000 hectares et 480,000 hectolitres de produits.

Toutefois, au lieu de porter la quantité livrée au commerce à 300,346 hectolitres, nous ne la porterons qu'à 100,000, qui s'écoulent sur Bordeaux; les vins qui prennent cette voie sont les plus colorés, comme étant les plus propres aux mélanges.

Le produit des distillations dans ces derniers départemens est si peu important, que nous n'en faisons pas mention.

OBSERVATION.

On a vu que la quantité de vins et eaux-de-vie livrée au commerce par les départemens de la ligne du canal de la Garonne s'élevait à 2,047,088 hectolitres, ci . . . . , ... 2,047,088 hect.

Cependant, d'après ce que nous avons attribué d'exportation par la Garonne à chaque département, le total ne s'élève qu'à 1,262,900

La quantité qui peut être livrée aux départemens voisins ne s'élève pas à beaucoup près à 300,000 hect., mais en comptant, ci   300,000

Il n'y aura ensemble que 1,562,900

D'où il suit que sur le compte officiel des finances nous avons retranché . . . . 484,188 hect.

De cette manière d'opérer, il résulte au moins la preuve évidente, que loin d'avoir exagéré les produits, nous les avons considérablement diminués.

Les 1,262,900 hectolitres forment ce qui est attribué d'exportation à la ligne de la Garonne, d'après le minimum, que nous avons suivi, mais nous en retrancherons les 573,000 hectolitres des arrondissemens de Bazas et de la Réole, dont une partie doit s'embarquer sur la rive droite du fleuve, ou près de l'embouchure du canal, il restera pour la partie supérieure de la ligne 689,900 hectolitres.

A ces 689,900 hectolitres il convient d'ajouter ce qui provient de la partie du département de la Haute-Garonne au-dessous de Toulouse, et située sur notre ligne, et que nous ne porterons toutefois qu'à 10,100 hectolitres pour ne faire qu'un total en nombre rond de 700,000 hectolitres (1).

Nous voyons, par le tableau du produit des vins, que la ligne de la Garonne donne ci. . . . . 4,171,000 hect.

La ligne du canal du Midi 3,430,000

La ligne intermédiaire, c'est à dire la Haute-Garonne.   486,000
____

Total des lignes des canaux 8,087,000

Et que la contrée à desservir, non compris les provenancesdu Rhône, des Pyrénées-Orientales, etc., donne. 2,955,000
____

Total réuni. . . . 11,042,000 hect.

C'est-à-dire le quart du produit total de la France entière.

Nous avons dit à l'observation du §. 2 ci-dessus, qu'en raison de l'augmentation des produits vignicoles des départemens de la ligne du canal du Midi et du département du Gard, et en appelant à eux ce qui prenait la voie de mer ou restait invendu, les canaux pourraient passer pour ces seuls départemens 1,000,000 d'hectolitres.

Si maintenant l'on fait état de ce que fournit la ligne de la Garonne, malgré les 484,188 hectolitres que nous avons laissés de côté ;

Si l'on fait état de ce qui provient du département de la Haute-Garonne, placé hors ligne dans nos calculs, si enfin l'on remarque que les départemens des Bouches-du-Rhône et du Var, faisant partie de la ligne à desservir, exportent par mer, d'après le relevé des acquits à caution 550,000 hectolitres et qu'une grande portion de ces produits destinés à l'Océan peut et doit suivre la ligne des canaux, lorsque la communication sera complète, on demeurera convaincu que le total des passages sur la ligne de la Garonne pourra s'élever au-delà de 2,000,000 hectolitres.

____

(1) Le département de la Haute-Garonne produit 486,000 hectolitres; ces exportations s'élèvent à environ 80,000 hectolitres, dont 20 à 25,000 vont dans les départemens de l'Arriége, du Gers et du Tarn; le surplus est acheté par le commerce de Bordeaux. Ce département distille de 3 à 6,000 hectolitres, selon les récoltes.

ARTICLE III.

GRAINS.

APPRÉCIATION DES QUANTITÉS QUI SE DISTRIBUENT DANS LES DEUX LIGNES DE LA GARONNE ET DU CANAL DU MIDI.

§ Ier.

On a vu par l'état des récoltes en grains que la ligne du canal de la Garonne était supérieure en produits à la ligne du canal du Midi.

En effet le total des produits de la ligne de la Garonne est, d'après le premier état, de 9,345,508 hectolitres pour 1,494,245 habitans, ce qui donne pour chacun 625 litres (1).

Le total des produits de la ligne du canal du Midi est de 2,995,095 hectolitres pour 605,551 habitans, ce qui donne pour chacun 494 litres.

Les seuls grains alimentaires, compris dans les quatre premières colonnes du premier tableau, s'élèvent sur la ligne du canal de la Garonne à 6,590,180 hectolitres pour 1,494,245 habitans, ce qui donne pour chacun 427 litres ou 320 kilogrammes.

Les seuls grains alimentaires s'élèvent sur la ligne du canal du Midi à 2,591,460 hectolitres pour 605,551 habitans, ce qui donne pour chacun 594 litres ou 295 kilogrammes.

Ainsi la ligne de la Garonne excède les produits de la ligne du canal du Midi, savoir :

1° Sur tous les produits réunis de 150 litres par habitant ;

2° Et sur les grains alimentaires de 52 litres ou 25 kilogrammes par habitant.

Le département de l'Aude de la ligne du canal du Midi, pris isolément, donne en totalité 855 litres par habitant.

---

(1) Dans les divisions que nous allons faire des grains , soit en litres , soit en kilogrammes , nous négligerons les fractions et on voudra bien y avoir égard si l'on vérifie l'exactitude de nos comparaisons.

Mais les départemens de Tarn et de Tarn-et-Garonne de la ligne de la Garonne, pris isolément, donnent en totalité :

Tarn. . . . . 1055 litres par habitant.

Tarn-et-Garonne. . . . . 848 litres par habitant.

Le département de la Haute-Garonne, formant la ligne intermédiaire, donne en totalité 1,677,680 hectolitres, pour 407,016 habitans, ce qui fait pour chacun 412 litres.

En grains alimentaires, il donne 1,550,400 hectolitres, ce qui fait 376 litres ou 282 kilogrammes par habitant.

§ II.

Les calculs ci-dessus résultent du tableau de M. Chaptal qui a pris l'année moyenne de 12, et quelques soient les renseignemens plus précis que peut posséder aujourd'hui l'administration, le travail de M. Chaptal ne repose pas moins sur des bases justes. Seulement, comme l'agriculture fait continuellement des progrès, les récoltes peuvent être aujourd'hui plus abondantes qu'alors, mais l'accroissement s'étendrait sur toutes les lignes, et les proportions seraient toujours les mêmes ou à peu près.

Nous voyons dans le tableau qui nous a été communiqué au ministère du commerce et des travaux publics, pour l'année 1830, que les grains alimentaires récoltés sur la ligne du canal du Midi, et compris dans les quatre premières colonnes du tableau, s'élèvent à 1,759,020 hectolitres, ce qui, pour une population de 605,551 habitans, donne pour chacun 290 litres ou 247 kilogrammes.

Que les grains alimentaires récoltés sur la ligne du canal de la Garonne s'élèvent à 8,522,887 hectolitres pour une population de 1,494,245 habitans, ce qui donne pour chacun 556 litres ou 417 kilogrammes.

Ainsi la ligne du canal de la Garonne a un excédant sur la ligne du canal du Midi de 266 litres ou 199 kilogrammes par habitant.

Le département de l'Aude, de la ligne du canal du Midi, pris isolément, donne 1,245,650 hectolitres, ce qui, pour une population de 265,991 habitans, fait pour chacun 467 litres ou 550 kilogrammes.

Le département de Lot-et-Garonne de la ligne du canal de la Garonne, pris isolément, donne 2,188,500 hectolitres, ce qui, pour une population de 556,886 habitans, fait pour chacun 649 litres ou 487 kilogrammes.

La ligne intermédiaire, composée du seul département de la Haute-Garonne, produit de même en grains alimentaires 1,977,590 hectolitres pour une population de 407,016 habitans, ce qui donne pour chacun 485 litres ou 363 kilogrammes.

§. III.

Il est établi que pour nourrir un homme il faut l'*équivalent* de 256 kilogrammes de blé et de 73 kilogrammes de viande.

Ainsi il n'est pas dit qu'un homme doive consommer 256 kilogrammes de blé et 73 kilogrammes de viande, mais l'*équivalent* en alimens quelconques fournissant une quantité égale de matières nutritives.

Cet équivalent est donné par le laitage, les œufs, le gibier, le poisson, les légumes verts, les légumes secs, les farineux, tels que les pois, les haricots, les lentilles, les pommes de terre et les châtaignes dans certaines localités, etc., etc.

Il s'agit d'ailleurs ici de l'homme fait, mais les femmes, les vieillards et les enfans, qui forment une grande partie de la population, ne consomment pas autant à beaucoup près.

Si dans les alimens de chaque individu sans distinction l'on fait entrer 220 kilogrammes de grains, c'est, ce nous semble, tout ce qu'il faut.

Cette proportion donnerait pour 33,000,000 d'habitans 7,260,000,000 kilogrammes.

La production moyenne en grains servant à la panification est, suivant M. Chaptal, de 96,302,130 hectolitres, ou 7,257,664,250 kilogrammes.

L'on voit que cette consommation équivaudrait au total de la production, et même la dépasserait de plus de 23,000,000 kilogrammes.

Il est vrai qu'à l'époque du travail de M. Chaptal, la population n'était pas aussi élevée qu'elle l'est maintenant, et que si à cette époque on eût fait la répartition de la production, il y aurait eu de l'excédant au lieu de déficit; et comme il est certain que la production s'accroît, il doit y avoir aujourd'hui de l'excédant en comptant une bonne récolte, mais cela ne détruit nullement les calculs que nous venons de faire.

Nous ferons remarquer que la fabrication de la bière dans les départemens de la ligne des canaux est très-minime, et qu'elle n'emploie aucun

des grains que nous avons indiqués comme servant à la panification, en
voici le tableau.

ORGE.

Aude.	260 hect.	Lot.	» hect.
Hérault.	1,500	Lot-et-Garonne.	168
Haute-Garonne.	1,800	Tarn.	500
Gers.	»	Tarn-et-Garonne.	»

§ IV.

L'excédant des grains alimentaires des lignes des canaux s'écoule dans les
départemens limitrophes, mais en plus grande partie sur Bordeaux, tant
pour sa consommation que pour l'exportation aux îles et ailleurs.

La pomme de terre, cet aliment si précieux, qui naguère était à peine
remarqué, occupe aujourd'hui une place distinguée dans l'agriculture.

A l'époque où M. Chaptal fit ses relevés, le département du Gard récoltait seulement 158,000 hectolitres de pommes de terre, et le département
de l'Aveyron 50,000.

En 1850, le Gard en a récolté. . . . . 2,599,252 hect.

L'Aveyron. 1,595,000

Et l'Arriège qui la cultive depuis long-temps. . . . 1,555,200

Ainsi ces départemens, surtout celui du Gard, qui tiraient des blés et
des farines de l'Aude et de la Haute-Garonne, ont dû nécessairement
diminuer leurs importations, puisque la grande quantité de pommes de
terre qu'ils récoltent a dû diminuer leurs besoins.

La ligne du canal de la Garonne fournit peu de grains aux départemens
limitrophes, si ce n'est le Tarn et le Lot au pays de montagnes ; et en très-
petite quantité, le Gers au département des Landes.

Presque tout l'excédant des grains de cette ligne descend à Bordeaux.

Une grande partie des grains de l'Aude, et surtout de la Haute-Garonne,
descend également sur la rivière, soit en farine, soit en nature, pour aller
gagner les minoteries de la Garonne, de Montauban et Moissac, et suivre
ensuite la même destination.

Ainsi la ligne du canal de la Garonne, d'après l'année moyenne de M. Chaptal, produit en grains alimentaires 479,265,500 kilogrammes. La consommation des habitans, à 220 kilogrammes l'un, donne 528,755,460 kilogrammes.

Il reste donc disponible pour l'exportation 150,550,040 kilogrammes.

La ligne intermédiaire, formée du département de la Haute-Garonne, produit en grains alimentaires 125,826,000 kilogrammes, ce qui lui laisse disponible, déduction faite de sa consommation, 36,282,480 kilogrammes.

La ligne du canal du Midi produit 179,001,750 kilogrammes, ce qui lui laisse disponible, déduction faite de sa consommation, 45,639,550 kilogrammes.

Le seul département de l'Aude, de cette ligne du canal du Midi, produit 134,825,000 kilogrammes ; sa consommation est de 58,548,020 kilogrammes, il lui reste disponible 76,504,980 kilogrammes.

Les trois lignes ont donc un excédant qu'elles exportent, savoir :

Ligne du canal de la Garonne. . . . . 150,550,040 kil.

Ligne intermédiaire. 36,282,480

Et ligne du canal du Midi, prise pour l'Aude, seul département qui exporte. 76,504,980

En tout. . . . . 263,117,500 kil.

Nous avons dit que la production augmentait, et si nous présentons à l'appui de cette opinion les récoltes des principaux départemens, à quatre époques différentes, on verra qu'elle est fondée.

GRAINS ALIMENTAIRES.

LIGNE du CANAL DE LA GARONNE.	M. CHAPTAL.	1824.	1825.	1830.
Haute-Garonne.	1,550,600	2,744,755	2,434,055	1,977,590
Gers.	1,208,214	1,576,170	1,129,694	1,522,842
Lot.	951,759	1,571,000	1,461,720	1,555,150
Lot-et-Garonne.	1,248,707	1,959,750	1,597,566	2,188,500
Tarn.	1,877,500	2,454,496	1,545,647	1,925,464
Tarn-et-Garonne.	1,124,000	1,448,227	1,167,058	1,152,951
TOTAUX.	7,920,780	11,551,416	9,550,740	10,500,477

La ligne du canal du Midi a éprouvé de la diminution, mais cela peut n'être qu'accidentel.

En voici le tableau pour les mêmes quatre époques.

LIGNE du CANAL DU MIDI.	M. CHAPTAL.	1824.	1825.	1830.
Aude.	1,797,640	1,856,600	1,493,000	1,243,650
Hérault	585,770	744,645	762,520	515,370
TOTAUX.	2,581,410	2,581,245	2,255,520	1,759,020

La ligne du canal de la Garonne présente donc un accroissement de produits de plus d'un dixième, cependant nous n'élèverons pas le chiffre

*

de ses exportations, parce que dans nos précédens calculs nous n'avons pas fait déduction des grains nécessaires à l'ensemencement, et que nous devons laisser la portion d'accroissement qui reviendrait à ces exportations pour la portion qui en aurait été retranchée pour l'ensemencement.

La portion appartenant à la ligne de la Garonne, dans les grains à exporter, est donc, comme on l'a vu ci-dessus, de. . . . . 150,550,040 kil.

Il convient d'y ajouter la partie du département de la Haute-Garonne au-dessous de Toulouse, et située sur cette ligne, et que nous porterons seulement en somme ronde à. 10,000,000

Total. . . . . 160,550,040 kil.

ARTICLE IV.

APPRÉCIATION DES PRODUITS PARTICULIERS DE LA VALLÉE DE LA GARONNE.

§ 1er.

Nous attribuons à la Garonne un passage de 566,885 tonneaux, ci. . . . . 566,885 tonn.

Cette masse se compose :

1° De 65,000 tonneaux que le canal du Midi verse ou reçoit par son écluse d'embouchure, ci.   65,000 tonn.

2° De 21,885 tonneaux, produit du Tarn, ci.   21,885

3° De 100,000 tonneaux versés par la Bayse et les Landes, ci.   100,000   566,885 tonn.

4° Et de 180,000 tonneaux attribués spécialement à la Garonne et au Lot, ci.   180,000

Déduction faite des produits du canal du Midi, il reste 501,885 tonneaux pour le bassin de la Garonne et ses affluens.

On a vu, par les développemens et les investigations auxquels nous nous sommes livrés, que les vins et esprits et les grains forment une très-grande partie de ce tonnage.

Mais les vins et esprits et les grains ne sont pas les seules productions qui naviguent sur la Garonne; il faut y ajouter les avoines et autres menus grains, les fruits, les bois et leurs produits, tels que goudrons, résines, écorces, charbons, etc., les chanvres, les huiles et les produits de fabriques, etc., etc.

Pour l'importation il faut ajouter les sels, les poissons salés, les sucres, les bois de teinture et autres denrées coloniales, etc., etc.

Assurément si l'on faisait état de tous ces produits, on trouverait que la masse totale du passage sur la Garonne s'élève au delà des 566,885 tonneaux que nous portons.

Pour corroborer nos calculs et les appuyer de nouvelles preuves, nous allons rapporter les états officiels de la direction générale des contributions indirectes, constatant le nombre des bateaux naviguant sur la Garonne, et leurs chargemens d'après les registres des receveurs des droits de navigation, vérifiés et certifiés par les contrôleurs et directeurs des départemens.

TABLEAU *du chargement des bateaux, d'après les droits payés aux bureaux de perception.*

DÉNOMINATION des BATEAUX.	CHARGE			MOYENNE de la charge ordinaire des pleines et basses eaux. Tonneaux de mer.
	POSSIBLE. Tonneaux de mer.	ORDINAIRE.		
		pleines eaux. Tonneaux de mer.	Basses eaux. Tonneaux de mer.	
Sapines et grands bateaux.	100	75	35	55
Macalets.	40	55	20	27
Mioles.	20	18	10	14
Ramoneurs.	15	14	10	12
Gabarots.	10	9	8	8

ÉTAT *des bateaux qui ont acquitté les droits au bureau de Langon, pris sur l'année moyenne de 1818, 1819, 1820, 1821, 1822, 1823, 1824, et des bateaux à fausse quille, non sujets aux droits.*

DÉNOMINATION des BATEAUX	NOMBRE DE BATEAUX CHARGÉS.		BATEAUX A VIDE.	
	DESCENTE.	REMONTE.	DESCENTE.	REMONTE.
Sapines.	500	25	40	15
Grands bateaux.. . . .	450	135	70	35
Mucalets.	225	95	25	50
Mioles.	2,765	1,810	135	860
Ramoneurs..	1,675	790	120	820
Gabarots..	1,965	510	180	1,085
Grands bateaux à fausse quille.	4,545		. . . . . .	
Total..	13,110		3,475	

En appliquant à chacun de ces bateaux la moyenne de la charge ordinaire d'après le tableau ci-dessus, la quantité de tonneaux qu'ils transportent est de. . . . . 412,195 tonn.

On a vu que nous ne comptions que 366,885, ci. . . . 366,885

Les passages existans excèdent donc ceux que nous portons de. . . . . 45,310 tonn.

Nous devons faire observer que les bateaux ne paient les droits et ne sont enregistrés que lorsqu'ils passent devant le bureau, en venant d'amont ou d'aval; mais les bateaux qui chargent ou déchargent au lieu où est situé le bureau, ne sont point assujétis aux droits à ce bureau. Ainsi les bateaux qui chargent à Langon ne doivent point de droits au bureau de Langon, non plus que ceux qui viennent décharger à Langon. Les bateaux qui naviguent dans l'intervalle de deux bureaux ne paient non plus aucun droit.

Il suit de là que dans l'état ci-dessus ne se trouvent pas compris les bateaux, qui partent directement de Langon ou qui y arrivent pour y rester. Dès-lors une grande partie des vins des arrondissemens de Bazas et de la Réole, que nous avons comptés dans les passages de la Garonne, sont en dehors de la masse transportée par les bateaux enregistrés à Langon, et désignés dans l'état. On se rappelle au surplus que nous n'avons parlé de ces vins que pour établir le parallèle entre la ligne de la Garonne et la ligne du canal du Midi, et nullement pour les attribuer au canal de la Garonne.

<hr>

SECTION II.

ATTRIBUTION DES PRODUITS INTÉRIEURS AU CANAL DE LA GARONNE.

ARTICLE I.

Produits particuliers de la vallée de la Garonne, d'après les documens contenus en la 1re Section.

Ainsi qu'on l'a vu dans la première section, il a été attribué au bassin particulier de la Garonne et du Lot un passage de 180,000 tonneaux.

Sur ce nombre nous retrancherons 50,000 tonneaux pour le Lot, et la partie de la Garonne qui avoisine son embouchure, lesquels 50,000 tonneaux sont présumés devoir continuer à se servir de la voie de la rivière.

Il reste 130,000 tonneaux.

Sur ces 130,000 tonneaux, nous retranchons encore la moitié ou 75,000 tonneaux, que nous supposons destinés à suivre également la rivière.

Il restera pour le canal 75,000 tonneaux.

Au moyen des retranchemens opérés, ces 75,000 tonneaux qui seront échelonnés sur toute la ligne du canal équivaudront à un passage complet de 57,500 tonneaux, ci . . . . 57,500 tonn.

ARTICLE II.

PRODUITS de la Bayse et des Landes, versés dans la Garonne, d'après les renseignemens pris aux ports de Bordes, de Buzet, de Paseau, de Fourques et de Caumont.

NATURE ET QUANTITÉ DES PRODUITS.			POIDS PAR UNITÉ de mesure.	POIDS TOTAL EN QUINTAUX de 50 kilogrammes.
			kilogrammes.	
Farines.	quintaux	270,000	»	270,000
Blés..	Idem	111,000	»	111,000
Avoines, seigles, maïs, et autres menus grains..	Idem	19,000	»	19,000
Eau-de-vie..	pièces	18,000	800 1/2	144,000
Vin..	tonneaux	10,000	2,000	200,000
Huile de térébenthine..	barriques	2,000	500	10,000
Résines..	quintaux	15,000	»	15,000
Goudron, brai gras et sec.	barriques	1,900	500	9,500
Planches de pin..	douzaines	82,000	570	505,400
Bûches de pin ou de chêne.. . . .	cannes	55,000	2,450	857,500
Fagots dits faissonnats..	»	564,000	45	165,800
Écorce de chêne..	fagots	180,000	19	54,200
Chênes de construction.	pieds cubes	86,000	80	68,800
Charbon de bois.	sacs	28,000	70 1/2	19,600
Échalas.	fagots	7,000	50	3,500
Grands échalas de pin, refendus, dits Carcassonne..	milliers	100	6,000	6,000
Merrains,.	Idem	50	4,000	1,200
Miel..	barriques	800	700	5,600
Chanvre et lin.	quintaux	12,500	»	12,500
Produits de la forge de Neussons, près Castel-Jaloux.	Idem	12,000	»	12,000
Produits de deux verreries, près Castel-Jaloux.	Idem	5,000	»	5,000
Produits d'une papeterie de Castel-Jaloux..	Idem	600	»	600
	TOTAL.			2,270,200

Report du total. . . . .   2,270,200 quint.

Sur ces 2,270,200 quintaux, nous retrancherons 270,200 quintaux pour ne faire qu'un compte rond de.   2,000,000 quint.

Ce total de 2,000,000 quintaux ainsi réduit représente en tonneaux. . . . .   100,000 tonn.

Ces 100,000 tonneaux ne seront comptés que sur le quart de la ligne du canal, et équivaudront à 25,000 tonneaux, parcourant toute la ligne, ci. . . . .   25,000 tonn.

ARTICLE III.

Produits du canal du Midi.

D'après les relevés faits au bureau de perception des droits du canal du Midi, à son écluse d'embouchure, il verse dans la Garonne, et en reçoit, année moyenne, environ 65,000, ci. . . . .   65,000 tonn.

ARTICLE IV.

Produits du Tarn, d'après des relevés faits sur les lieux.

La masse commerciale du Tarn, par la Garonne, se compose :

1° Navigation ascendante, de. . . . . .   110,300 quint.
2° Navigation descendante, de.   527,400   »

TOTAL. . . . . .   457,700 quint.

Représentant en tonneaux de mer. . . . .   21,885 tonn.

Ces produits parcourant les trois quarts de la ligne du canal équivaudront à un passage sur toute la ligne, de. . . . .   16,414 tonn.

ARTICLE V.

*Produits actuellement transportés par terre entre Toulouse et Moissac,
d'après les relevés faits sur les lieux.*

La masse échangée entre Toulouse et Moissac, sans l'intermédiaire,
est de :

1° Minoterie. . . . .   80,000 quint.

2° Denrées coloniales.   72,000   »
                                        ————————————

     TOTAL. . . . . . 152,000 quint.

Représentant en tonneaux de mer. . . . .   7,600 tonn.

Cette masse parcourant le tiers de la ligne du canal équivaut à un passage sur toute la ligne, de. . . . .   2,555 tonn.

ARTICLE VI.

*Masse échangée par terre entre Toulouse et Montauban d'après des renseignemens
pris sur les lieux et une statistique publiée en 1826.*

Cette masse, sans l'intermédiaire, est de 400,000 quintaux, représentant
en tonneaux de mer. . . . .   25,450 tonn.

Qui parcourant le quart de la ligne du canal équivaudront à un passage sur toute la ligne, de. . . . .   5,862 tonn.

ARTICLE VII.

Masse échangée par terre entre Toulouse et Alby, d'après des relevés faits sur les lieux.

De Toulouse à Alby :

Fers.	15,000 quint.	
Cuirs.	3,000	
Peaux d'agneaux, sauvagines. . . .	3,600	54,800 quint.
Sels.	23,200	
Drogueries.	10,000	

De Alby à Toulouse :

Charbon de terre de Carneaux. . .	70,596 quint.	
Bouteilles de Carneaux.	7,800	
Vins de Mereus, Lille, Gaillac, Alby, Rabasteins, Saint-Sulpice, etc.	6,514	124,210
Fromages de Roquefort.	2,000	
Blés.	57,300	

Total. . . . . 179,010 quint.

Représentant en tonneaux de mer. . . . . 8,950 tonn.

Cette masse parcourant le quart de la ligne du canal équivaut à un passage sur toute la ligne, de. . . . . 2,277 tonn.

ARTICLE VIII.

Produits particuliers au Canal.

Ces produits se composent :

1° De la location des usines construites aux chutes d'écluses.

2° Du revenu du bateau de poste.

3° Des droits perçus sur les ports, gares, bassins et magasins.

4° Des francs-bords et droit de pêche, etc.

5° Des prises et concessions d'eau.

Les usines sur le canal du Midi sont louées pour les minoteries, à raison de 1,000 à 1,200 francs par meule; nous compterons les usines du canal de la Garonne à 1,200 fr. l'une, comme si elles ne devaient servir qu'aux minoteries et n'avoir qu'une meule. Cinquante usines produiront 60,000 fr.

Le bateau de poste du canal du Midi produit 160,000 fr., et ce produit, qui s'accroît chaque jour, devra doubler lorsque la ligne entière pourra être parcourue et les voyageurs aller ainsi de Bordeaux aux rives de la Méditerranée, *et vice versâ*. Nous pouvons donc porter à 200,000 fr. le revenu du bateau de poste sur le canal de la Garonne.

Les droits de ports, de gares, bassins et magasins donneront un produit considérable, que nous devons cependant réduire à 130,000 fr., en raison de la jouissance gratuite qui pourra être accordée au commerce.

Les francs-bords et pêche calculés sur les produits analogues du canal du Midi donneront 40,000 fr.

Quant aux prises d'eau, comme nous ne pourrions pas arbitrer la quantité qui pourra être demandée et concédée, nous ne porterons cet article que pour mémoire. . . . .   Mémoire.

Les produits particuliers au canal seront donc comme il suit :

1° Usine.	60,000 fr.
2° Bateau de poste.	200,000
3° Droits de ports, etc.	130,000
4° Francs-bords, etc.	40,000
5° Prises d'eau.	mémoire.

Total, sauf mémoire. . . . . . .   430,000 fr.

RÉCAPITULATION

DES

PRODUITS DÉSIGNÉS DANS LA SECTION II DU CHAPITRE II.

Nous avons vu, par les détails contenus dans les différens articles qui composent cette section, que la quantité de tonneaux de marchandises attribués au canal de la Garonne équivaut à un passage sur toute la ligne.

Savoir :

Article 1er.	57,500 tonn.
Art. 2.	25,000
Art. 3.	65,000
Art. 4.	16,414
Art. 5.	2,553
Art. 6.	5,862
Art. 7.	2,257
Total.	154,546 tonn.
En nombre rond. . . .	150,000 »
Art. 8 évalué en argent.	450,000 fr.

CHAPITRE III.

PRODUITS ÉVENTUELS.

Quiconque s'est occupé de canaux sait que leurs revenus augmentent progressivement, et que les anciens canaux ont doublé et triplé les leurs; cela provient de la facilité des communications, qui appelle l'industrie et tend continuellement à accroitre la population, la production et la consommation.

Sans doute la vallée de la Garonne n'est pas tellement dénuée de communications que l'on doive espérer de voir ce qui s'est vu dans le haut Languedoc que traverse le canal du Midi, mais cependant il ne faut pas douter que les produits actuellement existans ne reçoivent par la suite de très-notables accroissemens. Non-seulement le nouveau débouché y contribuera en facilitant l'établissement de nouvelles usines et de nouvelles industries, mais encore en offrant à tous les produits un écoulement prompt et toujours assuré.

Et d'ailleurs même, sans qu'il y ait de communications nouvelles, nous voyons chaque année les produits augmenter, soit qu'ils proviennent de l'agriculture, soit qu'ils proviennent de l'industrie, et cette augmentation ne peut que prendre un nouvel essor par les perfectionnemens et les améliorations apportés à toutes les branches d'industrie agricole et manufacturière, et ensuite par la nécessité de satisfaire aux besoins d'une plus grande population, besoins qui se multiplient en raison du bien-être.

Outre ces revenus éventuels sur lesquels on ne peut avoir de données que par comparaison, il en est d'autres que l'on peut désigner d'une manière plus précise, tels que les suivans.

PRODUITS INTÉRIEURS.

I.

Les transports qui se font aujourd'hui par le roulage entre Bordeaux et Toulouse et les points intermédiaires, et dont nous n'avons pas fait mention, prendront nécessairement la voie du canal, qui occasionera moins de déchet aux marchandises et offrira sur les frais une économie considérable, puisque par le canal il n'en coûtera que 18 fr. 20 cent. de Toulouse à Bordeaux, tandis que le prix du roulage ordinaire est, sur cette ligne, de 60 fr., et le prix du roulage accéléré de près du double de cette dernière somme.

II.

Lorsque le haut Tarn aura un débouché facile et sûr par l'établissement du nouveau canal, les renseignemens que nous avons recueillis ne laissent aucun doute que cette contrée fournira au moins 40,000 tonneaux, qui se composeront en partie de :

Fer pour acier et acier.	4,000 tonn.
Minoterie..	2,000
Pruneaux, pastels, amandes, figues, etc.	1,000
Mines de Carneaux.	10,700
Merrains.	2,000
Chaux de Marsac.	500
Vins.	8,000
Bois de construction, etc., etc., soit.	11,800
	40,000 tonn.

III.

Nous n'avons compté que les échanges qui se font directement entre Toulouse et Montauban, et Moissac et Toulouse; mais l'intermédiaire entre ces villes donne aussi lieu à des transports que nous eussions dû porter plutôt dans les produits certains que dans les produits éventuels.

Par exemple, nous trouvons dans un mémoire publié par le commerce de Montauban, lors de ses discussions avec Moissac, sur la direction d'un canal projeté de Toulouse au Tarn, que Montauban tirait annuellement de la forêt de Montech et des Pyrénées 1,560,000 myriagrammes de bois (14,000 tonneaux), dont la presque totalité provenait de la forêt.

Nous voyons dans les tableaux joints à ce mémoire que le commerce annuel de la seule ville de Montauban s'élevait, dès cette époque, à 24,000,000 fr.

Et que la quantité de marchandises de transit qui passaient par le roulage à Montauban, et qui devaient prendre la voie du canal, s'élevait à près de 40,000 tonneaux.

	Myriagrammes.
Ces marchandises se composaient de laines d'Espagne, de France et du Levant.	50,000
Draperie, pour être apprêtée et teinte à Montauban, 20,000 pièces.	50,000
Grains importés ou exportés.	250,000
Farines exportées.	500.000
Huiles d'olive importées.	54,000
Huiles à brûler et de poisson exportées.	150,000
Savons importés.	154,000
Cotons importés ou exportés.	155,000
Eaux-de-vie importées.	10,000
Cuirs et peaux importés ou exportés.	20,000
Fer brut importé ou exporté.	250,000
Fromages exportés.	10,000
Sel de peccais importé.	20,000
Bois de Montech et des Pyrénées.	1,560,000
Divers autres objets non détaillés, tels que cires, suifs, etc., etc., etc.	1,000,000
Total.	5,955,000
Ou	59,550 tonn.

Le commerce annuel et particulier de la ville de Montauban, qui, comme nous venons de le dire, s'élevait à 24,000,000 fr., comptait entre autres produits 55,000 pièces de draps; 100,000 barils de minot pour les colonies et la Gironde, lesquels consommaient 18,000,000 kilog. de froment.

Le commerce de soieries s'élevait à 1,000,000 fr.; celui des prunes communes, pour le Nord, à 500,000 fr.; celui des vins et eaux-de-vie. à 1,100,000 fr.; des denrées coloniales et pêches, à 2,000,000 fr.; des cotons à 1,550,000 fr.; des cuirs et peaux, à 1,000,000 fr., etc., etc.

IV.

Lyon reçoit, par terre, une très-grande quantité de denrées coloniales, qui lui arrivent des ports de l'Océan et notamment de Bordeaux.

La voie des canaux et le Rhône économiseront le temps et la dépense et éviteront la plupart des avaries et des déchets.

Il y a donc toute raison de croire qu'une partie de ces marchandises reviendra aux canaux.

V.

Les usines augmenteront la masse en mouvement sur le canal, parce qu'elles appelleront des matières premières, et qu'elles enverront des matières fabriquées.

Sans doute l'augmentation ne sera pas de la totalité des matières qui entreront aux fabriques et en sortiront, puisque ces usines se serviront de produits existant aujourd'hui, et qui sont compris dans la masse générale des mouvemens; mais il n'est pas moins vrai que ces usines emploieront des objets qui jusqu'à présent n'ont pas eu de destination dans le pays, et d'autres objets en plus grande quantité que celle qui est employée maintenant.

Il est vrai aussi que ces usines appelleront d'un rayon plus étendu des matières premières, et qu'elles porteront de même dans un rayon plus étendu leurs produits fabriqués.

Il ne peut pas y avoir d'exagération à porter à 250 tonneaux par chaque usine l'excédant de mouvement qu'elles procureront au canal, ce qui ferait un total de 12,500 tonneaux, pour les cinquante usines que l'on pourra établir.

VI.

Il est probable que, dans un temps très-rapproché, diverses communications avec le canal seront établies pour l'écoulement des produits du Gers et des Landes, et de différentes autres contrées peu éloignées de la ligne du canal, mais assez cependant pour que, dans l'état actuel des chemins et des routes, les transports soient impossibles.

Il est encore probable que le canal des petites Landes s'exécutera et mettra la Méditerranée et le canal de la Garonne en communication avec Bayonne, par la ligne la plus facile et la plus prompte, puisqu'en partant du point d'intersection des canaux à Toulouse, il y a par le canal de la Garonne, le canal des petites Landes et l'Adour, jusqu'au bec de Gave, 560 kilomètres et 96 écluses.

Or en comptant le trajet à raison de 4 kilomètres par heure, nous n'avons que 91 heures, et 24 heures pour le passage de 96 écluses, en tout 115 heures seulement (1).

Le canal des petites Landes aurait de plus l'avantage de lier Bordeaux avec Bayonne, et de faciliter le commerce entre ces deux villes.

Il serait aussi d'un secours immense pour Mont-de-Marsan, qui n'a de communications qu'avec Bayonne, et qui en acquerrait de plus précieuses avec le bassin de la Garonne.

Le canal des petites Landes pourrait être à petite section, et dans des dimensions telles que deux de ses bateaux accouplés pussent passer dans les écluses du canal latéral à la Garonne.

La dépense de construction de ce canal ne serait pas très-considérable, et les recettes la couvriraient, et au-delà.

VII.

Il remonte annuellement de Marseille sur Lyon, par le roulage, environ 55,000 tonneaux de marchandises diverses.

Il remonte en outre de Marseille et de Beaucaire sur Lyon, par le Rhône, environ 72,000 tonneaux de vin, denrées coloniales, savons, etc., etc.

Une notable partie de ces marchandises est directement expédiée pour ·

---

(1) Voir les Parallèles, 1re partie, chap. II.

Paris, ou y est réexpédiée de Lyon. Paris expédie aussi une certaine quantité de produits de fabrique sur Marseille.

Ces expéditions respectives peuvent bien s'élever à 15,000 tonneaux.

Cette masse de denrées est entièrement transportée par terre ou par eau jusqu'à Lyon, parce qu'il est impossible d'apprécier la durée de la navigation par le canal du Midi, dans l'état actuel de la Garonne, non plus que la durée du passage du détroit de Gibraltar.

Le canal de la Garonne, complétant la jonction des deux mers, ouvrira en tout temps une communication assurée aux produits du haut Languedoc et de la Provence.

Il y a donc tout lieu d'espérer qu'une portion considérable des transports qui se font aujourd'hui par terre pour Paris prendra la voie des canaux.

PRODUITS EXTÉRIEURS.

VIII.

GRÈCE.

L'affranchissement de la Grèce, sa constitution en État indépendant nécessitera entre ce pays et l'Europe, et notamment la France, de nombreux échanges qui s'opéreront par la Méditerranée, et dont profiteront évidemment les canaux de jonction des deux mers.

IX

ALGER.

Alger, devenu libre du joug des barbares, fera aussi et plus nécessairement, avec la France, un commerce très-étendu d'échange des produits respectifs.

Le sol d'Alger est riche et fertile : outre ses productions particulières, il est propre aux productions de l'Europe et à la plupart de celles des Indes et des Amériques.

Le passage des marchandises à destination d'Alger, ou en provenant, sera d'autant plus facile et plus important par les canaux, qu'Alger se trouve situé en ligne droite, et en face de leur embouchure dans la Méditerranée.

X.

MER NOIRE.

La libre pratique de la mer Noire exercera une grande influence sur notre commerce en général, et sur le commerce des ports français de la Méditerranée en particulier.

Outre la richesse des contrées qui l'entourent, et les nombreux échanges qui s'opéreront entre ces contrées et la France, la mer Noire, par sa position et sa proximité de la mer Caspienne, peut contribuer à ramener par l'intérieur le commerce de l'Asie.

Mais ce qui rend la mer Noire précieuse pour le commerce, c'est la facilité qu'elle offre à l'écoulement des produits des provinces russes et polonaises, non seulement des provinces qui avoisinent la mer, mais encore de celles qui en sont le plus éloignées, puisque les fleuves qui les traversent et qui se rendent à la mer Noire permettent le transport de tous ces produits bien plus sûrement, bien plus promptement, et surtout à bien meilleur compte que sur la Baltique, Riga ou Pétersbourg.

Ce sont là des faits incontestables et faciles à vérifier, soit par les relations commerciales, soit par l'ouvrage de M. Anthoine, baron de Saint-Joseph. (*Essai historique sur le commerce de la mer Noire,* etc., 2ᵉ édition, Paris, 1820.)

XI.

ÉGYPTE ET INDE.

Les progrès de la civilisation en Égypte ne contribueront pas seulement à accroître la population, la production et la consommation dans cette contrée, et conséquemment ses échanges avec l'Europe, mais encore à ramener par la Méditerranée une partie du commerce de la haute Asie et de l'Inde.

Le commerce entier de l'Asie, de l'Inde et de la Chine avec l'Europe, se faisait autrefois par la Méditerranée; il n'a pris une autre direction que depuis la découverte du cap de Bonne-Espérance.

Mais ce n'est pas seulement parce que les navires d'Europe ont pu aller directement dans la mer des Indes, que les transports par l'intérieur ont cessé ; il est d'autres causes qui ont puissamment contribué à ce changement.

Malgré le prix des transports, qui dans de tels pays ne pouvait être que très-minime, attendu le peu de dépense des caravanes, la voie de terre ne put espérer de soutenir la concurrence, parce que les convois étaient trop souvent retardés pour changer de mains dans un trajet où l'on rencontrait à tout moment des coutumes, des nations et des chefs divers ; car outre les états des mille souverains de l'Indostan et du Mogol, il fallait passer sur les terres des rois de Perse, des califes de Bagdad, des soudans ou chefs de l'Égypte, de la Syrie, etc., etc.

Aujourd'hui la plupart de ces états et leurs chefs ont disparu ; les mœurs se sont adoucies, les coutumes ont subi d'utiles changemens, et, quoique la civilisation y soit bien arriérée, elle a pourtant fait des progrès : le voyageur est plus en sûreté, plus protégé qu'il ne l'était ; les caravanes parcourent plus tranquillement leur chemin.

Ce n'est pas cependant la difficulté du trajet par terre qui a seule reporté le commerce par la mer et le cap de Bonne-Espérance, c'est encore parce qu'à cette époque les marchandises arrivées sur les côtes de Syrie ou d'Égypte avaient à faire, pour aller en France et dans le nord de l'Europe, un nouveau voyage qui ne présentait pas moins de difficulté que le premier.

Le détroit de Gibraltar, d'une traversée longue et dangereuse encore aujourd'hui, était alors regardé comme un obstacle, sinon impossible, du moins très-difficile à franchir, et, s'il en eût été autrement, on n'eût point vanté comme une tentative nouvelle et hardie celle qui eut lieu sous Louis XII, en 1513, de faire passer quatre galères de Marseille à Brest.

Les marchandises ne pouvaient donc pas s'écouler par la voie de mer, et lorsqu'elles prenaient cette voie, le trajet employait un temps considérable ; ainsi, par exemple, le voyage en Flandre était de six mois pour Barcelonne, de sept mois pour Gênes, et pour Venise de huit.

Ces voyages, d'ailleurs excessivement difficiles, comme on vient de le dire, coûtaient fort cher.

A cette époque, la France ne possédait ni la Guyenne, ni le Roussillon, ni la Provence ; elle était obligée d'emprunter le territoire étranger.

Montpellier, par le port de Lates, sur le Lez, Marseille et Barcelonne étaient les seuls ports de commerce de ce côté-ci de la Méditerranée ; bientôt le port de Lates fut délaissé par la mer, et Aigues-Mortes, qui l'a de

14

même été depuis, commença à être fréquenté. C'est à ce dernier port seulement qu'aboutissait la route commerciale par laquelle les Français envoyaient leurs marchandises et recevaient les denrées du Levant.

Les Anglais expédiaient et recevaient les leurs par Bordeaux (1), dont ils avaient fait leur entrepôt. Les marchandises arrivées d'Angleterre étaient transportées par l'intérieur à Montpellier ou à Aigues-Mortes, où elles étaient embarquées; les denrées du Levant prenaient la même voie pour arriver à Bordeaux.

On peut juger des lenteurs et des difficultés du voyage par la dépense. Il en coûtait, pour une balle de laine, en fret et en droits, de Bordeaux à Aigues-Mortes, neuf florins d'or; l'assurance, de Londres jusqu'en Italie, était de douze à quinze florins; ainsi, avec le fret de Londres à Bordeaux et d'Aigues-Mortes en Italie, que l'on ne peut porter ensemble à moins de quinze à vingt florins, une balle de laine coûtait au moins trente-cinq florins d'or. Cette somme est énorme si l'on se reporte à l'époque et à la valeur qu'avait l'argent (2).

Cet état de choses a entièrement changé, et maintenant les communications de l'Europe avec l'Égypte et la Syrie sont faciles, et le seront plus encore lorsque le canal du Midi ayant été complété par le canal de la Garonne, la jonction des deux mers sera définitivement établie.

Le commerce de l'Asie et de l'Indoustan pourra donc s'affranchir des difficultés du trajet par le cap de Bonne-Espérance, comme il s'est autrefois affranchi des difficultés de la voie de terre, et les marchandises pourront arriver sur les côtes de la Méditerranée, soit directement, par caravanes, soit par Bab-el-Mandel et la mer Rouge, ou par le Tigre et l'Euphrate qu'il est déjà question de lier par des canaux, pour être ensuite répandues avec promptitude parmi les différens peuples de l'Europe.

Aujourd'hui comme au moyen âge (dit M. Depping), les peuples éprouvent le besoin d'entretenir des relations mercantiles avec les Échelles du

---

(1) Voyez l'ouvrage de M. Depping, *Histoire du commerce entre le Levant et l'Europe.*

(2) À cette époque le florin d'or valait 12 sols parisis, le sol parisis 12 sols tournois, 12 sols tournois ½ d'écu, l'écu 3 livres tournois ou 60 sols, le marc d'argent monnoyé valait 9 livres tournois ou trois écus : un florin d'or valait donc 144 sols tournois, et 35 florins 252 livres. Aujourd'hui le marc étant à 54 francs, le florin d'or équivaudrait à 43 francs 20 cent. et 35 florins à 1,512 francs. Toutefois nous ne garantissons pas ces calculs.

Levant, capables de fournir une quantité de denrées utiles. Malgré l'extension qu'a prise la navigation de l'Océan, et malgré la variété des productions fournies par le Nouveau-Monde, surtout par les colonies d'Europe, on a encore le même désir qu'autrefois d'ouvrir des routes directes à travers l'Égypte et la mer Rouge avec l'Inde, dont le riche sol est constamment un objet d'envie pour les peuples des climats tempérés.

Ainsi notre opinion est partagée par un homme qui a fait une étude spéciale du commerce de cette partie du monde, et dont les écrits ont mérité des applaudissemens et des couronnes de la part du premier corps savant de l'Europe.

RÉSUMÉ SUR LES PRODUITS ÉVENTUELS.

Nous n'aurions pas pu donner avec certitude le chiffre de tous les produits éventuels intérieurs, et il eût été impossible de donner le chiffre des produits éventuels extérieurs ; cependant il est constant que l'exécution du canal latéral à la Garonne remplacera, à l'intérieur, le mode actuel de transport ; et que, pour l'extérieur, il donnera lieu à des accroissemens très-notables de passages, par suite de l'économie de temps et de frais que présentera cette nouvelle voie navigable.

Nous ne porterons donc les produits éventuels que pour. . . . Mémoire.

CHAPITRE IV.

RÉSUMÉ GÉNÉRAL.

On a vu aux chapitres I et II de la deuxième partie du Mémoire que les passages attribués au canal latéral à la Garonne s'élèvent à 450,000 tonneaux, ci. . . . . .   450,000 tonn.

Que les produits particuliers, évalués en argent, sauf
l'article porté pour mémoire, sont de 450,000 fr., ci. . .   450,000 fr.

Et que les produits éventuels, tant intérieurs qu'extérieurs, ont été laissés pour mémoire, ci. . . . .   Mémoire.

TARIF DU CANAL.

Le canal latéral n'étant que le prolongement du canal du Midi, le même
tarif lui est accordé.

La moyenne de ce tarif étant de 0,40 c. par tonneau et par distance
de 5 kilomètres, le droit sera, pour toute la ligne du canal de la Garonne,
de 15 f. 20 c. par tonneau.

DÉPENSE DE CONSTRUCTION.

Le canal latéral à la Garonne n'a d'autres grands ouvrages d'arts que
deux ponts-canaux sur le Tarn et sur la Garonne ; mais il n'a ni point de
partage, ni souterrains, ni grands réservoirs, ni rigoles alimentaires.

La ligne principale, prolongeant le canal du Midi, est
de 190,500 mètres, ci. . . . .   190,500 mèt.

Et l'embranchement sur Montauban, de 9,858 mèt., ci. . .   9,858 mèt.

Total du développement. . . . .   200,458 mèt.

L'estimation totale de la dépense, que le conseil général des ponts et
chaussées a trouvé trop élevée, est de . . . .   55,475,570 fr. 76 c.

On a de plus ajouté, comme somme à valoir. . . .   6,223,215   24

Total.   59,698,586   »

Soit en nombre rond. . . . .   40,000,000 fr.   » c.

FIN.

ERRATA.

Page 6, *ligne* 2, *au lieu de* cotons, *lisez :* coton.

» 20 » 14, » anséantiques, *lisez :* anséatiques.

» 27 » 6, » ne supposons par, *lisez :* ne supposons pas.

» 29 » 8, » caussc, *lisez :* cause.

» 56 » 21, » ces échanges, *lisez :* ses échanges.

» 61 » 24, » toute la ligne, *lisez :* toute sa ligne.

» 66, *première somme de la 4 colonne, au lieu de* 297,900, *lisez :* 297,600.

» 72, *ligne 9, au lieu de* les produits, *lisez :* le produit.

» 81, *première ligne de la note, au lieu de* ces exportations, *lisez :* ses exportations.

» 97, *ligne 6, au lieu de* attribués, *lisez :* attribuées.

» 101 » 22, » produits existant, *lisez :* produits existans.

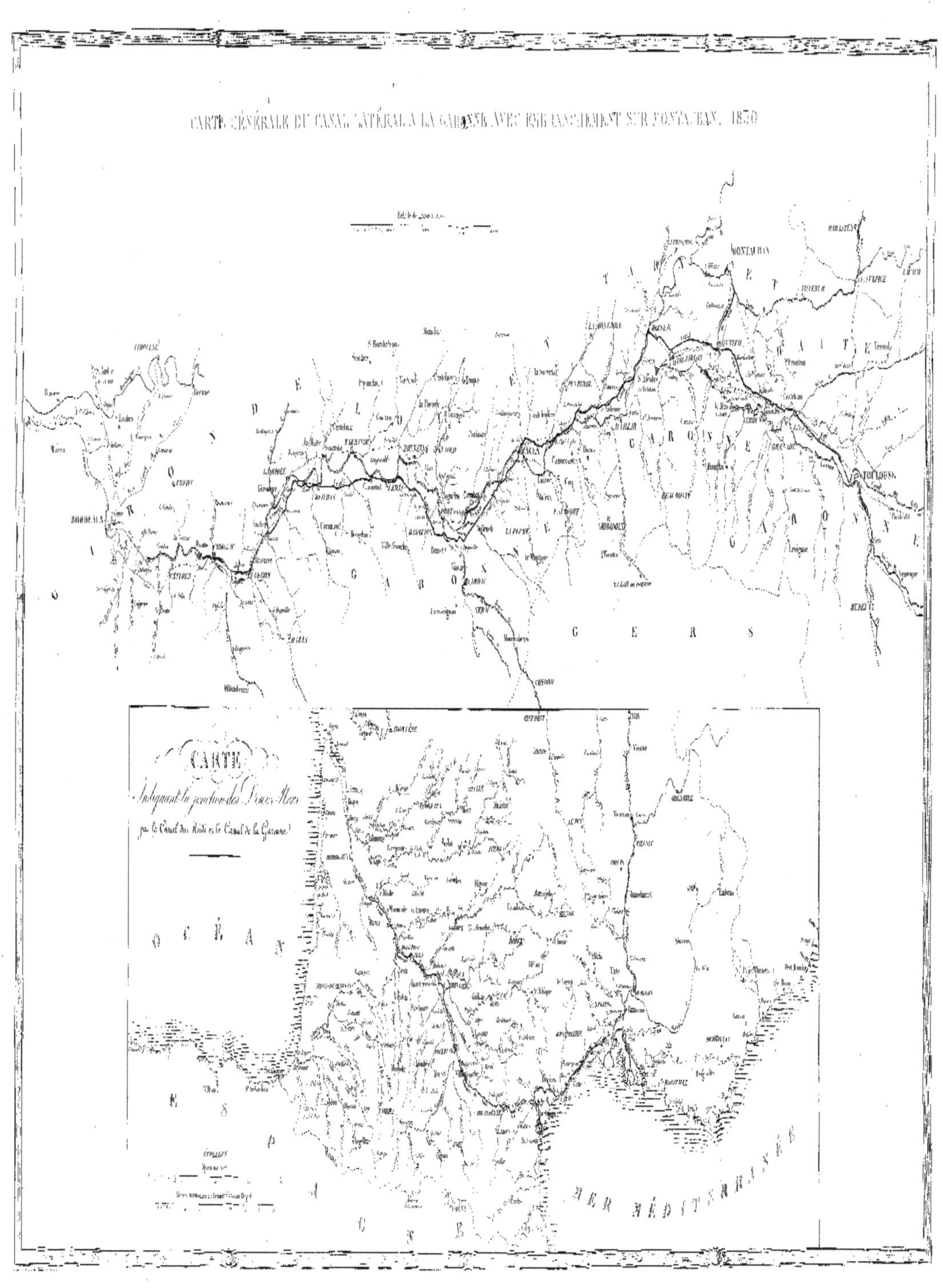

CARTE GÉNÉRALE DU CANAL LATÉRAL A LA GARONNE AVEC EMBRANCHEMENT SUR FONTAINEAU, 1850
CARTE
Indiquant la jonction des Deux Mers
par le Canal du Midi et le Canal de la Garonne.
OCÉAN
MER MÉDITERRANÉE
BORDEAUX
TOULOUSE
MONTAUBAN
GARONNE
GERS

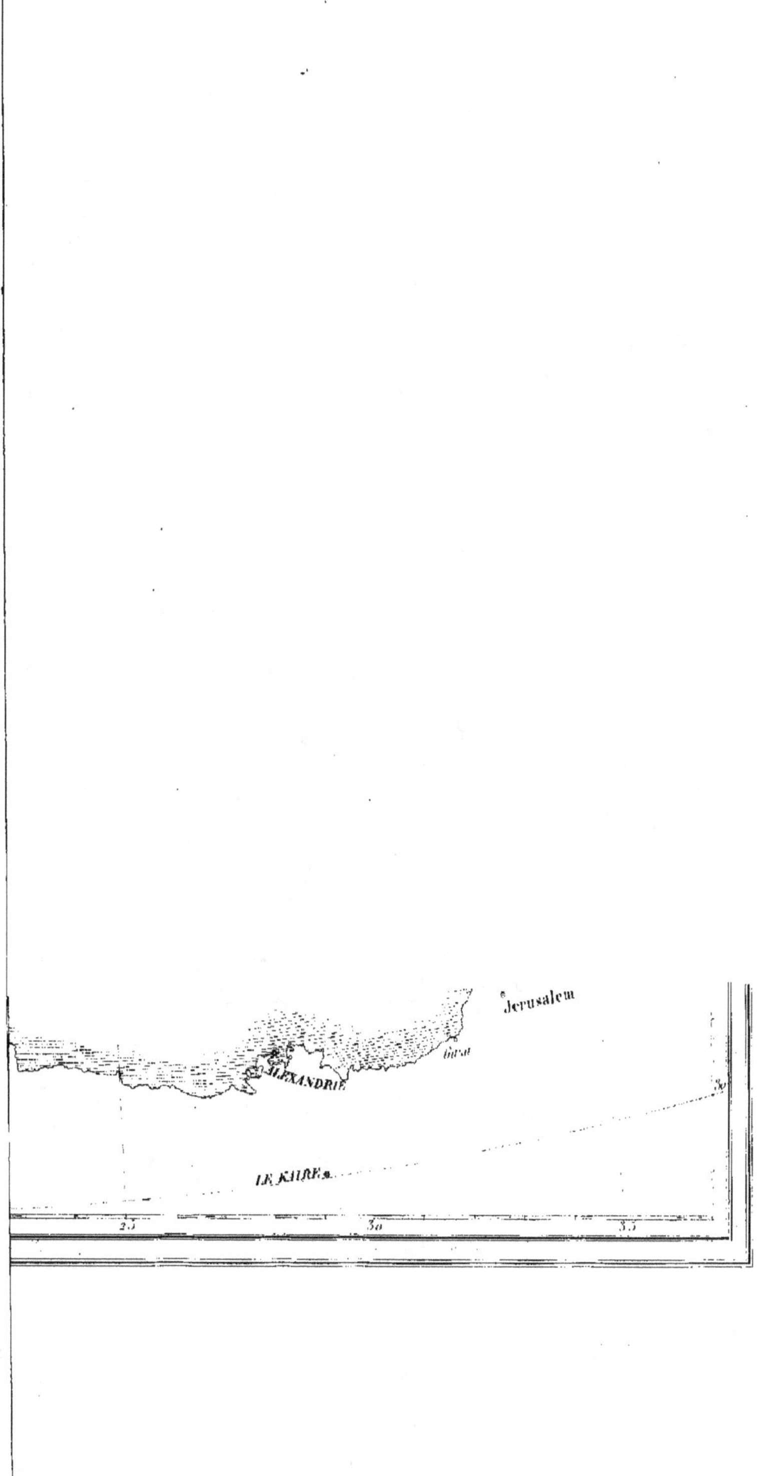

Jérusalem
Gaza
ALEXANDRIE
LE KAIRE
25
30
35
30

CARTE
d'une partie de l'Europe
pour servir à l'intelligence
DE LA JONCTION DES DEUX MERS
par le Canal du Midi et le Canal de la Garonne.
1831
OCÉAN ATLANTIQUE
MER DU NORD
MER BALTIQUE
MER NOIRE
MER MÉDITERRANÉE
États Barbaresques
MANCHE
BERLIN
BRUXELLES
PARIS
MADRID
LISBONNE
VIENNE
MUNICH
L. DE CORSE
SARDAIGNE
SICILE
ILES BALÉARES
CONSTANTINOPLE
I. DE CANDIE
ILE DE CHYPRE
I. de Rhodes
TRIPOLI
TUNIS
ALGER
Échelles